essentials

Essentials liefern aktuelles Wissen in konzentrierter Form. Die Essenz dessen, worauf es als „State-of-the-Art" in der gegenwärtigen Fachdiskussion oder in der Praxis ankommt. *Essentials* informieren schnell, unkompliziert und verständlich

- als Einführung in ein aktuelles Thema aus Ihrem Fachgebiet
- als Einstieg in ein für Sie noch unbekanntes Themenfeld
- als Einblick, um zum Thema mitreden zu können

Die Bücher in elektronischer und gedruckter Form bringen das Fachwissen von Springerautor*innen kompakt zur Darstellung. Sie sind besonders für die Nutzung als eBook auf Tablet-PCs, eBook-Readern und Smartphones geeignet. *Essentials* sind Wissensbausteine aus den Wirtschafts-, Sozial- und Geisteswissenschaften, aus Technik und Naturwissenschaften sowie aus Medizin, Psychologie und Gesundheitsberufen. Von renommierten Autor*innen aller Springer-Verlagsmarken.

Mark Hinderer

Einstieg in die Suchma-
schinenoptimierung

Grundlagen der
Suchmaschinenoptimierung (SEO)
verständlich erklärt

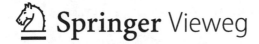 Springer Vieweg

Mark Hinderer
Sulzbach-Laufen, Deutschland

ISSN 2197-6708   ISSN 2197-6716   (electronic)
essentials
ISBN 978-3-658-44637-6   ISBN 978-3-658-44638-3   (eBook)
https://doi.org/10.1007/978-3-658-44638-3

Die Deutsche Nationalbibliothek verzeichnet diese Publikation in der Deutschen Nationalbiblio-
grafie; detaillierte bibliografische Daten sind im Internet über https://portal.dnb.de abrufbar.

Planung/Lektorat: David Imgrund
Springer Vieweg ist ein Imprint der eingetragenen Gesellschaft Springer Fachmedien Wiesbaden
GmbH und ist ein Teil von Springer Nature.
Die Anschrift der Gesellschaft ist: Abraham-Lincoln-Str. 46, 65189 Wiesbaden, Germany

Das Papier dieses Produkts ist recyclebar.

Was Sie in diesem *essential* finden können

- Überblick über das Themengebiet Suchmaschinenoptimierung
- Arbeitsweise und Bewertung der Suchmaschinen verstehen
- Faktoren kennen, welche die Suchergebnis-Position beeinflussen kann
- Ansätze und Ideen für die eigene Website
- Ausblick und Anwendung von KI

Vorwort

Dieses essential verschafft Ihnen einen Überblick über das Themengebiet der Suchmaschinenoptimierung, stellt die vielen Möglichkeiten und das Potenzial dieses Fachgebiets kompakt dar und ist somit auch ein Wegweiser für das nächste Kapitel Ihrer Online-Strategie.

Ein genaues Rezept, für die erste Position in den Suchergebnissen werden Sie auch hier leider nicht finden, dafür aber viele Möglichkeiten diesem Ziel ein Stückchen näher zu kommen.

Der Algorithmus, also das Regelwerk, welches Suchmaschinen für die Aufbereitung der Suchergebnisse verwenden ist geheim und wird ständig aktualisiert. Verwenden Sie die Zeit für die Suche nach „dem einen Rankingfaktor" besser und optimieren Sie stetig die Qualität der Inhalte Ihrer Website und die Website an sich. Egal, ob Sie die eigene Website optimieren wollen oder diese Aufgabe als Dienstleistung durchführen: Ich hoffe, dass Sie ausreichend Theorie und Praxis aus diesem Buch entnehmen können, um die ersten Schritte selbständig in diesem Themengebiet gehen zu können. Die genaue technische Umsetzung der vorgestellten Maßnahmen, also das „wie", ist immer abhängig vom jeweiligen System, mit welchem Ihre Website aufgebaut wurde und lässt sich durch eine einfache Recherche mit den richtigen Begriffen (welche Sie aus diesem Buch gelernt haben sollten), leicht im Internet finden.

SEO ist vielseitig und macht Spaß, kann anstrengend, zeitintensiv und manchmal auch etwas frustrierend sein – aber umso schöner ist das Gefühl, wenn die Maßnahmen nach einigen Wochen oder Monaten Wirkung zeigen und der Traffic zur Website wieder die Kurve nach oben macht.

Ein großes Dankeschön geht an die SEO-Einsteigerin Stephanie für das konstruktive Feedback, das entgegengebrachte Vertrauen des Springer Vieweg Verlags, die unkomplizierte Projektbetreuung durch R. Ravichandran und das professionelle Lektorat von D. Imgrund.

Mark Hinderer

Inhaltsverzeichnis

Über den Autor

Mark Hinderer wurde 1988 in Schwäbisch Gmünd geboren und vertiefte sich bereits in jungen Jahren in die Welt der PCs und Programmierung. Nach seiner Ausbildung als Fachinformatiker arbeitete er mehrere Jahre als Netzwerkadministrator und erlernte damit wichtige Grundlagen für die Arbeit als Softwareentwickler.

Viel Wert legt er auf die gemeinsame Zeit mit seiner Familie. Ob Spielplatz, Märchenwald oder Freizeitpark: Die gemeinsamen Ausflüge mit seinen Liebsten sind das Wertvollste und schaffen die schönsten Erinnerungen.

Als selbstständiger Webentwickler/IT-Berater ist es Mark wichtig, sein Wissen und die Erfahrung weiterzugeben, um komplexe Themen verständlich zu vermitteln und vor allem einen sinnvollen Pfad zwischen Theorie und Praxis aufzuzeigen.

In seiner beruflichen Laufbahn durfte Mark schon Projekte vor Ort im DACH-Raum, Frankreich, Niederlande, Schweden und Polen durchführen und über digitale Wege mit Unternehmen aus der ganzen Welt Lösungen für seine Kunden ausarbeiten. Für weitere Informationen, aktuelle Themen und Projektanfragen ist Mark Hinderer über www.hinderermedia.de erreichbar.

Einleitung

1

SEO (search engine optimization) ist aufgrund seiner Vielfältigkeit ein sehr wertvolles Instrument im Online-Marketing und bietet für alle Fähigkeiten und persönlicher Kompetenzen, Anknüpfungspunkte zum Kennenlernen. Wie jedes Fachgebiet kann auch die Suchmaschinenoptimierung sehr detailliert betrachtet werden und bietet somit auch viele Möglichkeiten zur Spezialisierung in einem Themengebiet.

Dieses Buch stellt die essenziellen Aspekte der Suchmaschinenoptimierung vor und gibt einen allgemeinen Überblick über die verschiedenen Möglichkeiten zur Optimierung einer Website. Dadurch ergeben sich viele Wege, für die gewünschten Suchbegriffe die eigene Website in den oberen Suchergebnissen wiederzufinden (Abb. 1.1).

Zur Kategorie „Website" gehören auch Onlineshops, Online-Portale und natürlich normale Unternehmens-Webseiten. Mehr Traffic zur Website des eigenen Unternehmens ist der Hauptgrund zur Durchführung von SEO-Maßnahmen. Gegenüber SEO, steht SEA (search engine advertising), eine Werbemöglichkeit, welche durch die Schaltung von Anzeigen zur Steigerung des Traffics verwendet wird. Im Vergleich wird der Vorteil von SEO sichtbar: Die Maßnahmen stoppen ihre Wirkung nicht unmittelbar, wenn für eine Zeit kein aktives SEO betrieben wird und sorgen somit nachhaltig für zukünftigen Traffic, ohne für jeden Klick bezahlen zu müssen. Im Gegensatz dazu wirken viele Maßnahmen nicht sofort und erfordern Geduld, was wiederum bei einer kostenpflichtigen Schaltung von Anzeigen nicht notwendig ist. Hier kann „sofort" Traffic zur eigenen Website gesendet werden. Wie bei vielen Aktivitäten in einem Unternehmen kommt es also auch hier auf eine sinnvolle gemeinsame Nutzung der bestmöglichen Marketing-Maßnahmen an.

© Der/die Autor(en), exklusiv lizenziert an Springer Fachmedien Wiesbaden GmbH, ein Teil von Springer Nature 2024
M. Hinderer, *Einstieg in die Suchmaschinenoptimierung*, essentials,
https://doi.org/10.1007/978-3-658-44638-3_1

Abb. 1.1 Mit
Suchmaschinenoptimierung
zu einer höheren Position in
den Suchergebnissen

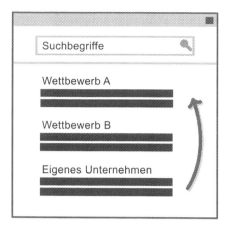

Wie geht eine Suchmaschine genau vor, wenn sie eine neue Website gefunden hat und warum wird der eigene Inhalt nicht indexiert? Diese und weitere Fragen behandelt dieses Buch. Ganz wichtig: Keine Panik – nicht jede Maßnahme zeigt unmittelbar Auswirkung und was beim Wettbewerb funktioniert, muss nicht zwangsläufig für die eigene Website geeignet sein. Die Kunst liegt häufig darin, die richtige Intention der Suchanfrage zu erkennen und daraus den Bedarf hinter der Suchanfrage auf der eigenen Website durch hilfreiche Inhalte zu decken.

Keine Raketenwissenschaft! Das Wichtigste, was man über Suchmaschinen wissen muss

2

So trivial die Aussage „Eine Suchmaschine ist nur ein Stück Software" klingt, so wichtig ist es sich diesem immer wieder bewusst zu werden: Software hat keine echten Emotionen und sieht die Welt in Nullen und Einsen. Aber: Sie wird von Menschen konzeptioniert, entwickelt, getestet, aktualisiert und vermarktet. Immer stärker wird von den Suchmaschinen beworben, dass Inhalte auf einer Website hilfreich und nutzerfreundlich sein sollen. Die visuelle Betrachtung dieser Inhalte durch die Augen einer Suchmaschine und der geheime Algorithmus, welcher für die Bewertung der Inhalte und der Website im Ganzen verantwortlich ist, bilden das Herzstück aktueller Suchmaschinen.

Betrachtet man das Konzept einer Suchmaschine etwas weiter, wird auch klar, warum die Belohnung in Form einer besseren Positionierung in den organischen (nicht bezahlten) Suchergebnissen unter anderem bei Berücksichtigung von Aspekten wie der Ladezeit erfolgen kann: Eine Suchmaschine scannt ständig das Internet nach neuen und aktuellen Inhalten und „freut" sich, wenn eine Website schnell gelesen werden kann. Dieser Aspekt hat für die Suchmaschine den Vorteil, dass sie schneller arbeiten kann und Ressourcen spart. Eine schnelle Ladezeit ist aber auch ein wichtiger Faktor bei der Bewertung der Nutzerfreundlichkeit. Suchergebnisse haben das Ziel, den besten Inhalt (aus Sicht und auf Datenbasis der Suchmaschine) für die gestellte Suchanfrage anzuzeigen und gehaltvolle und hilfreiche Inhalte zu erkennen und kopierte oder inhaltslose Inhalte zu filtern.

Eine wichtige Empfehlung vorab: Inhalte sollen für Mensch und nicht Maschine geschrieben werden. Sollte es „Tricks" geben, die Position in den Suchergebnissen positiv zu beeinflussen, so gleicht sich dieser Vorteil nach dem ersten schlechten Eindruck des Inhalts aus und das Verlassen der Website ist mit einem Klick erledigt (potenzieller Kunde verloren).

© Der/die Autor(en), exklusiv lizenziert an Springer Fachmedien Wiesbaden GmbH, ein Teil von Springer Nature 2024
M. Hinderer, *Einstieg in die Suchmaschinenoptimierung*, essentials,
https://doi.org/10.1007/978-3-658-44638-3_2

Dieses Buch stellt die wichtigsten technischen Aspekte der Suchmaschinenoptimierung vor, aber auch Medientypen, Content-Ideen und Design-Empfehlungen von Inhaltsseiten werden betrachtet.

Suchmaschinenoptimierung ist eine langfristige Aufgabe und je nach Unternehmensgröße kann hier auch weiterer Personalbedarf (intern sowie extern) sinnvoll sein. Je nach Art und Größe der zu optimierenden Website (Unternehmenswebsite, Onlineshop, Web-App) bieten sich hier viele teilweise auch komplexe Strategien an.

Der Algorithmus einer Suchmaschine ist nicht öffentlich, aber von den Unternehmen hinter den Suchmaschinen werden Empfehlungen zur Orientierung bereitgestellt. Dieses Regelwerk ändert sich ständig und kann dazu führen, dass die Bewertung einer Website sich stark verändert. Es kann also zu Ranking-Verlusten kommen, obwohl keine großen Änderungen an einer Website vorgenommen worden sind, die Suchmaschinen nun das Vorhandene aber anders bewerten.

Bei SEO werden keine Werbeanzeigen geschaltet, das gehört in den Bereich SEA (search engine advertising) und daher muss vor allem Geduld bei einer reinen SEO-Strategie mitgebracht werden. Dass es mehrere Monate dauert, bis bestimmte Inhalte indexiert werden, ist eine Ausnahme, kann aber vorkommen. Auch eine negative Bewertung von Suchmaschinen für einen Aspekt der Website kann mehrere Monate bestehen bleiben, bis sie von Suchmaschinen wieder aufgehoben wird. Durch die Verwendung von kostenlosen Tools kann die SEO-Historie der eigenen Website beobachtet und auf technische Fehler, welche beim Crawlen (Auslesen der Website) auffallen, reagiert werden.

2.1 So finden Suchmaschinen ihren Weg durch das WWW und zu Ihrer Website

Das Internet besteht aus einem großen Netz an über Länder und Kontinente verbundenen Servern, welche Webseiten bereitstellen. Über die Eingabe einer Domain wie www.example.com liefert der Webserver die Website aus und kann auf dem Endgerät angezeigt werden. Dass eine Website unter einer bestimmten Domain erreichbar ist und welcher Inhalt sich auf der Website befindet, ist zu Beginn nicht bekannt. Eine Suchmaschine kennt nicht automatisch die Domain einer neuen Website und kann sie deshalb auch nicht direkt in den eigenen Index aufnehmen.

Es gibt zwei Möglichkeiten, wie eine Website durch eine Suchmaschine entdeckt werden kann: Der natürliche Weg liegt im Grundprinzip des Internets.

Alles ist über mehrere Pfade miteinander verbunden und verlinkt. Eine Such-maschine verfolgt Verweise auf Websites und durchforstet somit Stück-für-Stück das gesamte Internet. Dabei reicht es aus, wenn eine Domain irgendwo gelistet ist. Die andere Möglichkeit ist es, der Suchmaschine die eigene Domain direkt über die von der Suchmaschine angebotenen Tools zur Indexierung mitzugeben. Eine Garantie auf Indexierung gibt es in keinem Fall. Hat die Suchmaschine eine Domain gefunden, startet eine Software der Suchmaschine den Abruf der Inhalte der Website. Dieser Vorgang, auch als Crawling bezeichnet, ist ein typi-scher und automatisierter Vorgang von Suchmaschinen. Eine gute Suchmaschine prüft, ob sie die Website überhaupt auslesen und in das eigene Inhaltsverzeich-nis aufnehmen darf. Über mehrere Kennzeichen kann Suchmaschinen mitgeteilt werden, ob und welche Inhalte von Suchmaschinen eingelesen und somit auch bei Suchergebnissen ausgegeben werden dürfen.

▶ **Wichtig** Mit diesen Methoden können keine sensiblen Daten geschützt werden. Es geht hierbei darum, den Suchmaschinen mit-zuteilen, welche Inhalte nicht für die Suchmaschine bzw. die Such-ergebnisse geeignet sind und nicht indexiert werden sollen. Sensible Inhalte müssen durch eine geeignete Authentifizierung geschützt werden.

Über robots.txt, Meta-Tags, X-Robots-Tag-http-Header werden Suchmaschinen über die Indexierungswünsche informiert.

Darf die Website indexiert werden, ruft der Crawler den Quellcode der Website ab. Dabei kann es auch zu mehreren Abfragen pro Sekunde kommen, da die Suchmaschine so viele Unterseiten wie möglich pro Vorgang auslesen will.

Nun können die ersten Details wie Titel der Website, Keywords im Domainna-men, der Beschreibung, den Inhalten und Schemainformationen ausgelesen und die Domain in den internen Index zur regelmäßigen Prüfung auf neue und aktuali-sierte Inhalte aufgenommen werden. Die optimale Frequenz wie oft eine Website durchsucht wird, entscheiden die Suchmaschinen selbst. Bei Bedarf kann aber ein manuelles Crawlen erbeten werden.

Die Bewertung einer Website basiert auf vielen Faktoren. Da es bei den Suchergebnissen vor allem auch um Autorität und Vertrauen geht, berücksich-tigen Suchmaschinen, wie viele andere (vor allem große und vertrauenswürdige) Domains auf die eigene Website verlinken. Diese Backlinks sind ein Grund, warum viele bekannte Webseiten für Suchbegriffe ranken. Ein weiterer Faktor ist die Erreichbarkeit der Website: Durch fehlerhafte Links oder eine falsche Server-konfiguration muss eine Suchmaschine technischen Definitionen folgen und eine

Website gegebenenfalls aus dem Index entfernen. Auch wenn dies unbeabsichtigt konfiguriert wurde.

Eine SEO-Strategie zu entwickeln und zu verfolgen, ist also erst sinnvoll, wenn die Website technisch in Ordnung ist. Sind die Inhalte schnell erreichbar und gut strukturiert, kann eine Suchmaschine die Website auch besser auslesen und bewerten. Das ist Voraussetzung, um bei entsprechenden Suchanfragen in den Suchergebnissen gelistet zu werden.

Doppelt hält oft besser, doch gerade bei Inhalten auf einer Website sollte dies vermieden werden: Beim Anlegen von Unterseiten sollte auf Eindeutigkeit geachtet werden. Nicht jede Wortvariation oder jedes Synonym sollte unter einer eigenen URL erreichbar sein. Suchmaschinen sind durch ihre KI-Systeme sehr gut in der Lage, passende Wortkombinationen und Synonyme zu erkennen, auch wenn ein bestimmtes Wort nicht im Text vorkommt. Im Zweifel besteht das Problem, dass eine Suchmaschine nicht weiß, welche Unterseite für einen Suchbegriff besser geeignet ist, und ein ungeeignetes Ergebnis in den Suchresultaten anzeigt.

Zusammenfassung

Suchmaschinen verwenden eine Software, „Crawler", mit welcher sie das Internet nach neuen und aktualisierten Websites/Domains/Inhalten durchsuchen („crawlen"). Dabei beachten sie Indexierungsregeln und bewerten und kategorisieren die Inhalte der Website. Suchmaschinen können sehr viel selbst auslesen, sind aber dankbar, wenn man ihnen keine technischen oder inhaltlichen Hürden in den Weg stellt.

2.2   Liebe auf den ersten Klick: Welche Inhalte belohnen Suchmaschinen?

Welche Suchergebnisse für eine Suchanfrage angezeigt werden, ist eine Entscheidung, die auf vielen Faktoren basiert und sich ständig ändern kann. Da das Nutzererlebnis und die Erfüllung der Suchintention im Vordergrund stehen, sollten auch entsprechende Websites in den organischen Suchanfragen aufgelistet werden.

Das Verstehen der Suchintention hinter der Suchanfrage kann eine Hilfe sein, die eigenen Inhalte zu bewerten. Welches Ergebnis wird für eine Suchanfrage verfolgt und welchen Hintergrund kann man daraus ableiten: Sucht man nach einem

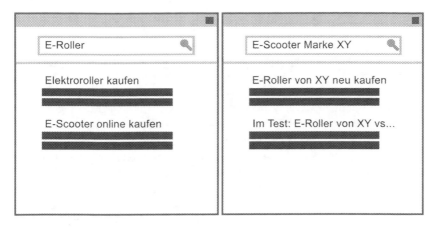

Abb. 2.1   Unterschiedliche Suchintentionen

konkreten Rezept für einen bestimmten Kuchen oder sucht man nach Ideen für Kuchen, welche sich mit maximal 5 Zutaten zubereiten lassen? Sucht man nach elektronischen Fortbewegungsmitteln mit manueller Unterstützung oder möchte man die Preise für einen elektrischen Tretroller der Marke XY vergleichen (Abb. 2.1)?

Die korrekte Suchintention herauszufinden ist nicht einfach, die Beispiele sollen aber aufzeigen, wie viele Möglichkeiten und daraus natürlich Potenzial es in diesem Bereich gibt. Hilfreich sind auch Tools, welche Statistiken zu ähnlichen Suchanfragen für die eigene Website anzeigen.

Die Eingabe der Suchbegriffe und die manuelle Prüfung der Suchergebnisse ist eine einfache Methode zu prüfen, welche Inhalte die Suchmaschine für gegebene Suchanfragen als am relevantesten einstuft.

Hier wird sich ein sehr breites Bild an Möglichkeiten ergeben: Lange Inhalte, die von Infografiken oder auch Videos unterstützt werden, um ein komplexeres Thema in vielen kleinen Unterkapiteln zu erklären. Kurze Texte, um zum Beispiel eine Wortdefinition zu erklären (Lexikon, Glossar). Produktseiten mit einer Tabellenansicht und einer Übersicht der Vorteile und Nachteile ähnlicher Produkte.

▷   **Wichtig** Das große Ganze ist wichtig und vor allem die Qualität.
Es sollten keine Inhalte erstellt werden, die eine (angepasste) Kopie

fremder Inhalte sind. Die Qualität des Inhalts sollte sich über die komplette Website erstrecken.

Da Autorität und Erfahrung beim Lesen von Inhalten wichtig sind, empfiehlt es sich eine „Über uns" Seite oder eine Biografie mit in den Artikeln unterzubringen. Ein Keyword, dass bei einer Suchanfrage eingegeben wird, kann auch aus mehreren Wörtern bestehen. Längere (mehr) Keywords werden häufig bei der Recherche nach spezifischen Informationen verwendet. Beim Erstellen von Inhalt sollte eine Liste relevanter Keywords zum Inhalt passen. Macht es Sinn, dass der neue Artikel für ein Keyword aus der Liste angezeigt wird und findet man in diesem Artikel auch die Informationen, die benötigt werden?

Das Nutzererlebnis spielt auch beim Klick auf ein Suchergebnis eine große Rolle. Die Inhalte sollten schnell laden und nicht von störenden Elementen wie Werbeanzeigen blockiert werden (Interstitials). Eine sprechende Überschrift und kurze Einleitung, falls der Inhalt länger ist, hilft auch ohne lange zu scrollen, sich ein erstes Bild zu verschaffen.

Eine sinnvolle Möglichkeit, hilfreiche Inhalte zu erstellen, sind die typischen W-Fragen: Wer/Wie/Was/Wo/Wann/Warum/Wozu.

> **Tipp** Bei Eingabe des Suchbegriffs zeigen die Suchmaschinen bereits Vorschläge über ähnliche passende Suchanfragen an. Dadurch können weitere Inspirationen für Content-Ideen erstellt werden.

Die Darstellung der Suchergebnisse entwickelt sich stetig weiter. Eine reine Auflistung von Domains wird immer seltener. Stattdessen versuchen Suchmaschinen die Antwort teilweise schon in hervorgehobenen Snippets anzugeben.

Weitere Formen der Darstellung sind Produkte, Bilder-Karussells, Karten, Lexikonauszüge. Also zusätzliche visuelle Elemente, welche kontextbezogen die Ergebnisse darstellen.

Ob es sich um redaktionellen Inhalt wie ein Blog-Artikel, ein Glossar, ein Tutorial oder ein Service-Inhalt wie eine Vorstellung des Teams, der eigenen Dienstleistung oder des Herstellungsprozesses handelt: Wenn der Inhalt hilfreich im Kontext der Website ist, kann er in geeigneter Form auch für eine bessere Suchposition sorgen. Dabei gibt es keine Regeln an das Format oder den Aufbau: Ein kurzer Text kann hilfreicher sein als ein langer ausführlicher Text.

Wichtig ist doppelte und inhaltslose Inhalte zu vermeiden und durch Expertise und Qualität zu punkten. Diesen Inhalt dann ohne Rechtschreibfehler, mit sinnvoll gesetzten Überschriften und stilvoll präsentieren.

Die Reise eines potenziellen Kunden durch die Suchergebnisse auf der Suche nach der passenden Lösung, einem bestimmten Produkt oder einer Dienstleistung in der Nähe vom Wohnort, ist selten nach nur einer Suchanfrage beendet. Über indirekte Suchanfragen werden die passenden Suchbegriffe recherchiert, um dann zielgenau eine Lösung zu finden. Es gibt viele Formate, wie ein hilfreicher Inhalt nutzerfreundlich aufbereitet werden kann. Auch der Umfang der Inhalte variiert je nach Zielgruppe und Suchintention. Ob Landing-Page, Blog-Beitrag oder ein Longform-Artikel: Von Suchmaschinen werden hilfreiche Inhalte belohnt, eine schlechtere Bewertung hingegen bekommen Inhalte, welche die Erwartungen hinter der Suchanfrage nicht erfüllen.

Da diese Bewertung automatisiert (KI) durch Suchmaschinen erstellt wird, kann es vorkommen, dass subjektiv betrachtet nicht sehr hilfreiche Inhalte trotzdem eine der besseren Positionen in den Suchergebnissen erhalten.

▶ **Wichtig** Die Bewertung der Inhalte bezieht sich auf die komplette Website. Das bedeutet, dass schlechte Inhalte auf einer Website auch das Ranking der anderen (besseren) Inhalte negativ beeinflussen können. Allerdings ist die Bewertung des Inhalts nur ein Aspekt von vielen.

▶ **Tipp** Nicht hilfreiche Inhalte von der Website entfernen oder von der Indexierung ausschließen. Dazu gehören auch Inhalte von externen Quellen (Dritten), welche wenig Relevanz zum Hauptthema der Website haben, aber aus bestimmten Gründen vorhanden sein müssen.

2.3 Wie man eine hohe Position bei Suchergebnissen erreicht

Eine weiter oben angeordnete Position der eigenen Website in den organischen Suchergebnissen ist sichtbarer und es werden im Gegensatz zu den Werbeanzeigen keine Kosten pro Impression oder Klick berechnet.

Die Suchergebnisse werden von den Suchmaschinen nach Relevanz und Nützlichkeit aus dem bestehenden Index ausgewählt und präsentiert.

Wie immer gibt es viele Faktoren, die für die Zusammenstellung des Suchergebnisses herangezogen werden. Die verwendeten Wörter in der Suchanfrage sind der offensichtlichste Faktor. Über die eingegebenen Begriffe wird die Suche immer weiter verfeinert. Die Suchmaschine muss herausfinden, welche

Absicht hinter der Suchanfrage steckt und die teilweise wenigen Wörter durch Sprachmodelle mit den vorhandenen Inhalten im Index der Suchmaschine zu verbinden.

Beispiel Eine Suche nach „Meterstab"

Bei einer Suchanfrage, welche ausschließlich aus dem Begriff „Meterstab" besteht, ist die genaue Suchintention noch offen und führt daher zur Auflistung von Ergebnissen mit allgemeinen Onlineshops, Lexikoneinträgen, Druckereien, Auktionsplattformen, speziellen Handwerkershops und Geschenkeshops. Auch Synonyme werden berücksichtigt und so finden sich auch in den Suchergebnissen Websites mit Titeln „Gliedermaßstab" oder „Zollstock". Die Suchergebnisse führen also auch zu neuen Begriffsideen, welche bei weiteren Suchen miteinbezogen werden und für die eigene Inhaltserstellung interessant sind.◄

Die Wahrscheinlichkeit, dass eine Website für eine bestimmte Suchanfrage relevant ist und in die Suchergebnisse gehört, steigt mit Verwendung der eingegebenen Suchwörter in den Überschriften und dem Text auf der eigenen Website. Eine Seite ist ebenso relevanter, wenn sie zu der Kategorie der eingegebenen Suchbegriffe weitere relevante Inhalte zu diesem Themengebiet enthält.

Beispiel

Das reine mehrmalige verwenden des Worts „Fertiggarage" auf der Website reicht nicht aus, um für die Suche nach „Fertiggarage" relevant zu sein. Die Relevanz erhöht sich aber, wenn die Website weitere Inhalte um das Themengebiet und darüber hinaus, enthält.◄

Das Zwischenergebnis besteht nun aus relevanten Websites, welche sich qualitativ noch unterscheiden. Die Suchmaschine priorisiert Suchergebnisse von Websites, welche sich zum Beispiel durch eine hohe Professionalität der erstellten Inhalte und Vertrauenswürdigkeit auszeichnen. Diese Punkte wiederum können durch zeitgemäße, akkurat recherchierte und nutzerfreundlich aufbereitete Inhalte sowie durch die Verlinkung von anderen prominenten Websites zu den betroffenen Inhalten beeinflusst werden.

Als letztes Kriterium wird die Nutzerfreundlichkeit in die Bewertung einbezogen, insofern die anderen Aspekte relativ gleich sind. Inhalte, welche von

Nutzern einfacher oder besser zu erreichen sind, werden meistens besser bewertet. Dazu gehört die Optimierung für mobile Endgeräte. Weitere Punkte sind: Eine schnelle Ladezeit, eine sichere Verbindung (https), nicht beeinträchtigende Anzeigen, leichte Navigation und Unterscheidung des Hauptinhalts vom Rest der Seite. Diese Aspekte zeigen einen Teil der Bewertungen und sollten beachtet werden, da sie in vielen Fällen Einfluss auf die Position in den Suchergebnissen haben.

Zu guter Letzt folgt der persönliche Standort, der bisherige Suchverlauf und die persönlichen Sucheinstellungen. Diese Kriterien sollen verwendet werden, damit noch relevantere Ergebnisse erscheinen.

Die Aufgabe der Suchmaschine ist es im ersten Schritt so gut wie möglich die Suchintention zu erkennen, damit geeignete Inhalte präsentiert werden können. Hochwertige Inhalte, welche hilfreich sind und das Thema vollumfänglich erläutern, keinen Spam enthalten, sind wichtige Kriterien, um in die Auswahl zu kommen.

Synonyme werden durch die KI-Tools der Suchmaschine erkannt und finden somit auch relevanten Inhalt, auch wenn er das eingegebene Keyword nicht Wort-für-Wort enthält. Durch Tests der Suchergebnisse seitens der Suchmaschine werden die Ergebnisse ständig verbessert. Vertrauenswürdigkeit ist wichtig und hierzu zählen unter anderem die Backlinks. Eine aktuelle Website besucht man auch lieber, da veraltete Informationen weniger hilfreich sind. Die technischen Aspekte wie Schemadaten, schnelle Ladezeit und eine sichere Verbindung werden ebenso in die Bewertung mit einbezogen. Die üblichen Daten wie Titel/ Metabeschreibung sollten ebenso gepflegt werden. Eine sinnvolle Seitenstruktur und ein gut lesbarer Seiteninhalt hilft, die Nutzerfreundlichkeit zu erhöhen.

Aber bei allem sollte man daran denken, selbst wenn man die technischen Aspekte zu 100 % erfüllt, ist das keine Garantie, dass man in den Top-Suchergebnissen erscheint.

Es gibt nicht den einen Faktor für eine Top-Position in den Suchergebnissen. Die Mischung und der Blick aufs „große Ganze" sollte im Vordergrund stehen.

2.4 Herausfinden, durch welche Suchbegriffe Sie (nicht) gefunden werden möchten

Die Suche nach den passenden Suchbegriffen (Keyword-Recherche) ist ein wichtiger Aspekt einer erfolgreichen SEO-Strategie. Durch die Suchmaschinenoptimierung soll der Traffic, also die Zahl an Klicks und Besuchen, zur eigenen

Website gesteigert werden. Entsprechend sinnvoll ist es daher bei Suchanfragen aus dem eigenen Themengebiet prominent gelistet zu werden.

Bei der Keyword-Recherche kann es vorkommen, dass zu viele Begriffe abgedeckt werden sollen und diese zu allgemein gehalten sind. Da der erhöhte Anstieg von Website-Besuchen meistens ein wirtschaftliches Ziel verfolgen soll (Verkauf, Anfrage), ist die Auswahl der Keywords entsprechend sorgfältig durchzuführen. Ebenso wie bei der Schaltung von Anzeigen die Zielgruppe genau definiert ist, sollte das auch bei der Recherche nach passenden Suchbegriffen der Fall sein.

> **Tipp** Bei der Steigerung des Traffics ist auch immer die Qualität wichtig. Bei jedem Klick hat man eine Erwartungshaltung und diese sollte auch erfüllt werden.

Möchte man für den Begriff „billig" gefunden werden, um den Traffic zu steigern oder sollte man sich hier auf andere Keywords konzentrieren? Passt die Suchintention später auch zur eigenen Website (Abb. 2.2)?

Suchmaschinen können sehr gut ähnliche Keywörter erkennen und versuchen diese bzw. die geeigneten Webseiten dazu zusammenzufassen. Das bedeutet, dass sich die Suchergebnisse bei Verwendung unterschiedlicher Keywords überschneiden können.

Abb. 2.2 Passt der Inhalt zur Intention hinter dem Suchbegriff?

Beispiel

Die Suchergebnisse bei einer Suche nach „Autobeschriftung" oder „Autofolierung" enthalten viele gleiche Webseiten (Überschneidungen). ◄

Das ist ein Zeichen, welches verdeutlicht, dass man für diese Keywords keine extra Unterseiten anlegt, sondern diese gemeinsam für eine Unterseite verwendet. Erst bei der Verwendung feinerer Suchanfragen, werden sich hier die Suchergebnisse weiter unterscheiden.

Hilfreiche Werkzeuge für die Keyword-Recherche sind die Google Search Console, der Google Keyword-Planner, AnswerThePublic und die Beispiele der Autovervollständigung von Google selbst.

Da das Thema Local-SEO, also regionale Suchmaschinenoptimierung sehr relevant geworden ist, kann es sich lohnen auch in diesem Bereich sein Unternehmen in der SEO-Strategie zu berücksichtigen. Ein einfaches Beispiel ist die Erstellung von regionalen Unterseiten für einzelne Standorte wie www.example.com/friseur-stuttgart mit dem Ziel für den Begriff „Friseur Stuttgart" zu ranken.

▷ **Wichtig** Mittlerweile ist es sehr gängig viele Unterseiten für einzelne Städte und Regionen zu erstellen und bei einigen Unternehmen funktioniert es besser, bei anderen gar nicht. Hier besteht die Gefahr sogenannte Brückenseiten (doorway page) zu erstellen, welche ausschließlich für Suchmaschinen optimierte Seiten sind, die Traffic erzeugen und weiterleiten sollen. Das ist nicht zu empfehlen, da es kaum nutzerorientiert und wenig hilfreich ist. Es spricht aber nichts dagegen, Ihre Filialen aufzulisten.

Bei der regionalen Suchmaschinenoptimierung soll weiterhin auf Qualität geachtet werden und keine automatisierten Seiten für alle Städte in Deutschland erstellt werden.

Bei der Keyword-Recherche muss auch der Zeitpunkt bzw. die Erfahrung hinter der Suchanfrage berücksichtigt werden. Welche Suchbegriffe sind rein informativ, um sich grundlegend zu einem Thema zu informieren und bei welchen Suchbegriffen steht eine konkrete Kaufentscheidung im Vordergrund? Je nach Kategorie kann die Landingpage dazu individuell optimiert werden.

Die Suchanfrage wird meistens über mehrere Wörter und nicht ein einziges ausgelöst. Das Ergebnis einer Keyword-Recherche kann eine große Liste sein, über welche definiert wird wie die einzelnen Unterseiten heißen müssen, welches Thema dort behandelt wird und wie die dazugehörige URL lauten soll. Die

Gruppierung von Keywords ist wichtig, um keine interne Konkurrenz aufzubauen und konkurrierende Suchanfragen, die eigentlich die gleiche Intention haben, auf mehrere Unterseiten aufzuteilen.

Wie man seine Website für Suchmaschinen optimiert

Hilfreiche Inhalte, nach denen gesucht wird, sind essenziell für eine nachhaltige Suchmaschinenoptimierung. Die Optimierung der eigenen Website umfasst noch weitaus mehr als das Einpflegen von neuen Inhalten. Verlinkung von internen themenbezogenen weiteren Inhalten oder ein schneller Seitenaufbau sind Möglichkeiten die Nutzerfreundlichkeit zu verbessern. Suchmaschinenoptimierung einer Website ist keine App oder ein Plugin, welches mit einem Klick die Position in den Suchergebnissen verbessert. Software-Erweiterungen für die eigene Website helfen, reichen aber nicht für eine vollständige Optimierung aus. SEO ist ein anhaltender Prozess, welcher regelmäßig überwacht werden muss: Interne Links defekt, doppelter Content, nicht erreichbare Seiten. Der Start einer neuen frischen Website ist ebenso einfacher, als eine vorhandene Website nachträglich SEO zu optimieren.

3.1 Der Werkzeugkoffer: Equipment für eine erfolgreiche Reise durch die Welt der Suchmaschinenoptimierung

Für die Aufgaben der Suchmaschinenoptimierung sind relativ wenig technische Hilfsmittel notwendig. Dafür gehen die benötigten Kenntnisse in viele verschiedene Richtungen: Kreativität, Literalität, Technik, Analytisches Denken, Unternehmensstrategie. Eine Checkliste und eine langfristige Strategie sind essenziell für eine ernsthafte Suchmaschinenoptimierung.

Suchmaschinen wählen relevante Inhalte anhand der eingegebenen Suchbegriffe aus und benötigen dafür indexierbare Inhalte, welche im besten Fall von

M. Hinderer, *Einstieg in die Suchmaschinenoptimierung*, essentials, https://doi.org/10.1007/978-3-658-44638-3_3

Tab. 3.1 Beispielstruktur einer Tabelle zur Keyword-Recherche

Keyword	Suchvolumen monatlich	Wettbewerb	Ranking	URL	Thema/ Kategorie
Handcreme Winter	1000	www.exa mple.com	8	/handpflege-winter	Handpflege

der eigenen Website stammen. Für die Erstellung der Inhalte, vor allem Texte, kann ein Office-Programm verwendet werden. Die Übernahme der Inhalte aus dem Office-Programm in das CMS, also der Verwaltung der Website, kann allerdings zu Problemen bei der Formatierung führen. Die Pflege direkt in das CMS ist bei vielen Systemen einfach möglich, da die Inhalte als Entwurf gespeichert werden und erst sichtbar sind, wenn sie veröffentlicht werden. Bei der Erstellung des Inhalts sollte auf eine sinnvolle Überschriftenstruktur und Formatierung (Absätze) des Texts geachtet werden.

In einer Tabelle können die recherchierten Keywords gespeichert und verwaltet werden (Tab. 3.1). Tabellenprogramme eignen sich auch sehr gut für einen Content-Plan. Die Planung von Inhalten für die nächsten Monate kann so mit kurzen Schlagwörtern vorbereitet werden.

Soll eine neue Website oder ein neuer Bereich einer bestehenden Website erstellt bzw. für Suchmaschinen optimiert werden und verläuft dieser Prozess über einen längeren Zeitraum, so empfiehlt es sich die robots.txt zu verwenden, um diese Bereiche vor unnötiger Indexierung auszuschließen. Nach Abschluss der Arbeiten können diese Bereiche dann auch offiziell für Suchmaschinen freigegeben werden.

Ständige Begleiter werden auch Online-Tools wie die Google Search Console sein. Hier kann der Verlauf der eigenen Website und der Status der Indexierung sowie Fehlermeldungen geprüft werden.

Auch große kostenpflichtige Tools können für einige Unternehmen interessant sein, da hier auch aggregierte Daten von Wettbewerbs-Unternehmen mit einbezogen werden können. Diese Tools erfordern zusätzliches Knowhow, damit sie zielführend genutzt werden können und sind etwas teurer, sparen durch die Sammlung und Aufbereitung der Daten aber auch viel Zeit. Sie werden häufig von SEO-Agenturen verwendet.

Die Suchmaschinenoptimierung erstreckt sich unter anderem über die Bereiche Recherche, Planung, Analyse, Implementierung und fortdauernde Anpassung.

Je nach CMS, welches für die eigene Website verwendet wird, gibt es Erweiterungen, um vor allem die technischen Aspekte der Suchmaschinenoptimierung komfortabler anpassen zu können.

Für das CMS WordPress sind hier zum Beispiel „The SEO Framework" oder „Yoast SEO" bekannte Anbieter. Diese Plugins verfügen unter anderem über Optionen zur individuellen Einstellung der Seitentitel und Seitenbeschreibung (Title und Description) und bieten Möglichkeiten zur individuellen Parametrisierung der Sitemap Generierung und Darstellung.

Da Inhalte nicht nur aus Text bestehen, sind auch Kenntnisse und Werkzeuge aus dem (Grafik)-Design sinnvoll. Diese Fähigkeiten bieten viele weitere Möglichkeiten den Inhalt noch nutzerfreundlicher und hilfreicher zu gestalten.

Zu einem guten Werkzeugkasten gehört es auch die Befehle der Suchmaschine zu kennen. Über Suchoperatoren wie „site:example.com" können Suchergebnisse ausschließlich von example.com angezeigt werden.

Werkzeuge innerhalb des Browsers („Element untersuchen" aus der Entwicklerleiste) sind vor allem hilfreich, wenn es um die technischen Aspekte der Suchmaschinenoptimierung geht.

Künstliche Intelligenz, welche textbasierte Befehle entgegennimmt (ChatGPT) ist eine einfache Möglichkeit Ideen und Vorlagen zu generieren.

3.2   Ohne Stolperfallen bitte! Das Grundgerüst einer SEO-freundlichen Website

Die Software hinter einer Suchmaschine scannt Webseiten, verfolgt Links und wertet den Quellcode der Webseiten aus. Damit eine Website korrekt ausgelesen und bewertet werden kann, sollten einige technische Aspekte beachtet werden. Die Reihenfolge hier hat dabei keine Gewichtung seitens Bewertung von Suchmaschinen.

Navigation/Seitenstruktur

Die Navigation einer Website sollte logisch, zum Beispiel hierarchisch aufgebaut sein. Dadurch ist für Mensch und Maschine leicht zu erkennen, zu welchem Themengebiet eine Unterseite gehört. Auch eine Priorisierung der Inhalte kann durch eine Baumstruktur der Seiten mitgeteilt werden. Je nach Umfang und Anzahl der Seiten einer Website, bieten sich übergeordnete Themenseiten an, welche die themenrelevanten Seiten auf einer Übersichtsseite vorstellen.

URL-Struktur

Inhalte einer Website werden unter einer URL veröffentlicht. Je nach verwendetem CMS können Inhalte auch unter mehreren URLs erreichbar sein: Kategorieseiten bei Onlineshops, Suchergebnisseiten oder Archiv-Seiten. Sprechende URLs, welche den Inhalt der Seite bereits über die URL beschreiben und die konsequente Verwendung von https sind zu empfehlen.

Sitemap

Eine XML-Datei, welche alle Seiten der Website auflistet, macht es Suchmaschinen noch einfacher, neue und aktualisierte Inhalte zu entdecken. Spezielle Sitemaps für Bilder oder Video sind eine weitere Möglichkeit, noch mehr Inhalte Suchmaschinen zur Verfügung zu stellen. Eine Sitemap ist keine Garantie, dass alle Seiten aus der Sitemap indexiert werden. Trotz einer Sitemap sollte trotzdem darauf geachtet werden, dass die Seiten über die vorhandene Navigation oder der internen Verlinkung, erreichbar sind.

robots.txt

Die robots.txt Datei gibt Suchmaschinen Informationen darüber, welche Inhalte (nicht) indexiert werden sollen. Sensible Daten können mit dieser Datei nicht geschützt werden und erfordern andere Schutzmaßnahmen. Über die robots.txt lassen sich sehr gut Suchergebnisseiten oder URL-Variationen filtern, welche sonst zu gleichem Inhalt unter unterschiedlichen URLs führen würde. Auch eine komplette De-Indexierung einer Website kann durch ein (unbeabsichtigte) Anpassung der robots.txt erfolgen.

Dateinamen

Bilder, Videos und andere eingebundene oder verlinkte Daten sollten mit einem beschreibenden Dateinamen hochgeladen werden. Generische Dateinamen machen die Verwaltung und Verlinkung schwieriger und sind nicht sehr nutzerfreundlich.

Meta-Tags title und description

Der Titel einer Website kann für die Darstellung in den Suchergebnissen verwendet werden und sollte deshalb das Themengebiet der Website beschreiben. Die Beschreibung fasst den Inhalt einer Seite zusammen und kann von Suchmaschinen verwendet werden, falls sie keine passendere Beschreibung zur Suchanfrage finden können.

Alt-Text

Für eingebundene Bilder wird das HTML Alt-Attribut verwendet, um einen beschreibenden Text für das Bild anzugeben. Dieses Attribut wird im Browser angezeigt, wenn die Grafik defekt ist oder aus anderen Gründen nicht geladen werden

kann. Vor allem ist das Attribut auch eine große Hilfe im Bereich der Barrierefreiheit. Für die Bildersuche der Suchmaschinen sind die Alt-Attribute ebenso hilfreich,
wie für die Verwendung von Bildern als Link (Ankertext).

Interne Verlinkung
Jeder Verweis zu einer Seite sollte mit einem Linktext ausgestattet werden. Die
interne Verlinkung, also innerhalb der eigenen Website auf relevante Unterseiten, ist eine gute Methode die Nutzerfreundlichkeit zu steigern. Dabei sollte auf
aussagekräftige Ankertexte geachtet werden.

Guter Inhalt
Guter Inhalt hat keine Rechtschreibfehler, ist neuartig und umfassend, gut strukturiert, lässt sich leicht vom Rest der Website oder Werbeanzeigen unterscheiden und
vermittelt vertrauenserweckende Informationen.

Mobil optimiert
Die Darstellung der Website sollte sich an die Bildschirmgröße des Anzeigegeräts
anpassen. Die mobile Version einer Website muss weiteren Anforderungen wie
langsame Internetverbindungen (Laden von Videos) und der Darstellung komplexer
Inhalte auf kleinen Bildschirmen gerecht werden.

Kanonisierung
Duplicate Content, also gleicher Inhalt, welcher unter unterschiedlichen URLs
erreichbar ist, lässt sich technisch nicht immer vermeiden. Durch Suchfunktio-
nen auf der eigenen Website oder Filter/Kategorie-Seiten ist es normal, dass ein
Inhalt, welcher eine Haupt-URL hat, auch unter anderen URLs erreichbar ist. Mit
Kanonisierung wird die Haupt-URL des Inhalts definiert.

https
Eine verschlüsselte Verbindung zwischen Browser und Website wird durch das
Protokoll HTTPS, welches durchgehend auf einer Website verwendet werden sollte,
gewährleistet. Gemischte Inhalte, also Grafiken oder Links auf Dokumente zum
Download sollten alle ausschließlich über https:// erreichbar sein.

Strukturiere Daten/Schema
Das Auslesen von Quelltext und der korrekten Bewertung des Inhalts ist auch für
Computersysteme sehr komplex. Durch strukturierte Daten kann ein standardisiertes
Format zur vereinfachten Erklärung des Inhalts verwendet werden. Strukturierte

Daten können dazu führen, dass die Inhalte (Unternehmensinformationen, Rezepte, FAQs, Produkte) visuell anders in den Suchergebnissen dargestellt werden.

Pagespeed/Core Web Vitals
Die Nutzerfreundlichkeit einer Website umfasst neben der wahrgenommenen Ladezeit, einer schnellen Interaktivität auch die Vermeidung unerwarteter Layout-verschiebungen.

Überschriftenstruktur
Aussagekräftige Überschriften sorgen für eine hierarchische Struktur der Inhalte, um sich im Dokument zurechtzufinden.

3.3   Von den Großen lernen: Wie Sie andere gut platzierte Websites wie eine Suchmaschine lesen

Die Analyse von Wettbewerbsunternehmen beziehungsweise deren Websites, welche für relevante Keywords an einer hohen Position in den Suchergebnissen stehen, soll keine Aufforderung zum Kopieren, sondern zum Lernen von empfohlenen Vorgehensweisen sein. Das Lesen von Webseiten wird von Suchmaschinen durch eine Software, dem „Crawler" vorgenommen. Auch visuelle Aspekte wie störende Elemente oder Layout-Verschiebungen spielen eine Rolle. Hinter der Darstellung einer Website im Browser, befindet sich der Quelltext, aus welchem der Browser die Website aufbaut. Vergleicht man bei den Top Suchergebnissen einmal die Titel, die Beschreibung und den Seitenaufbau, so wird man viele Punkte feststellen können: Wie ist das Text/Grafik-Verhältnis der Website, wie sind die Überschriften strukturiert, sind Dateinamen und Alt-Attribute der Grafiken gepflegt?

Ein Blick durch die Augen der Suchmaschine umfasst auch die Darstellung auf mobilen Endgeräten. Sind die Inhalte weiterhin gut lesbar oder gehen Texte über den Bildschirmrand hinaus? Eine Suchmaschine prüft sehr viele Faktoren und schließt diese mit unterschiedlicher Gewichtung in das Ranking mit ein.

Über den Befehl site:example.com kann eine Liste indexierter Seiten von example.com angezeigt werden. Daraus kann das Themengebiet und vor allem der Umfang, in welchem die Website das Themengebiet behandelt, abgeleitet werden.

Ist die Website auch in bestimmten Online-Verzeichnissen gelistet?

▷   **Wichtig** Es gibt nicht den einen Ranking-Faktor. Eine umfas-
sende Analyse anderer gut positionierter Websites ergibt viele neue
Anknüpfungspunkte für mögliche Optimierungen der eigenen Website.

Die Darstellung der Website in den Suchergebnissen ist ein weiterer Punkt der
Recherche. Suchmaschinen erstellen den angezeigten Titel und den Auszug der
Beschreibung so, dass er möglichst gut zur Suchanfrage passt. Wie werden die
Suchergebnisse der Wettbewerbsunternehmen dargestellt?

Welchen weiteren Inhalt hat die Website zum Beispiel im unteren Bereich,
also dem Footer? Häufig befinden sich hier viele Links zu Unterseiten. Auch
HTML-Elemente wie ein FAQ-Akkordeon oder Slider können das gesamte Bild,
in Bezug auf die Wertigkeit des Inhalts, beeinflussen. Hinter einem Akkordeon
kann sich noch sehr viel Inhalt verbergen, welcher beim Überfliegen der Seite
übersehen werden kann.

3.4   Das Wichtigste zuerst – Warum und wie die Startseite optimiert werden sollte

Die Startseite (korrekt: Homepage) wird eine der meistbesuchten Seiten innerhalb der eigenen Website sein und stellt das Unternehmen, die Dienstleistung
oder die Produkte vor. Die Startseite sollte immer angezeigt werden, wenn nach
dem Namen des Unternehmens gesucht wird und ist vor allem für allgemeinere
Suchanfragen wie „Arzt Musterstadt" oder „Briefkastenhersteller" relevant.

Durch das crawlen und auswerten der Website weiß die Suchmaschine in
welcher Branche ein Unternehmen tätig ist, was es anbietet und in welchen Lokationen die Leistungen erbracht werden. So sollte es zumindest durch die Inhalte
auf der Website möglich sein. Ist das nicht der Fall, dann ist hier Nachholbedarf.

Welches Ziel hat die Homepage? Ein Fokus sollte auf die Darstellung in
den oberen Suchergebnissen, wenn nicht sogar an erster Stelle sein, wenn nach
dem Namen des eigenen Unternehmens beziehungsweise der Hauptmarke gesucht
wird. Das gegenteilige Ergebnis davon möchte man ungern erreichen. Bei einem
generischen Keyword als Unternehmensnamen ist dieses Vorhaben etwas schwieriger, da man mit vielen anderen Websites konkurriert, welche ebenso eine gute
Suchposition in den Ergebnissen für dieses Keyword erreichen wollen.

Die Homepage sollte einen guten Gesamteindruck über das Unternehmen
geben und Vertrauen aufbauen. Die Optimierung für spezielle Keywords, wie ein

Tab. 3.2   Keywords der Startseite und passende Unterseiten

Keyword	Startseite Hauptüberschrift	Weitere Unterseite	Unterseite Hauptüberschrift
Zahnarzt München	Ihr Zahnarzt in München mit Schmerzfrei-Garantie	www.example. com/implantate	Implantate ohne Knochenaufbau
Smartphone refurbished kaufen	Elektro und Multimedia in bester Qualität aus 2. Hand	www.example. com/handys-ref urbished	Refurbished Smartphones mit Garantie kaufen

bestimmtes Produkt oder eine bestimmte Dienstleistung kann dann umfangreich über Unterseiten gelöst werden.

Die Homepage ist eine gute Möglichkeit das eigene Angebot übersichtlich darzustellen und kann durch eine sinnvolle Verlinkung auf Unterseiten (Tab. 3.2) die Nutzerfreundlichkeit erhöhen. Häufig ist die Homepage der Startpunkt einer neuen Suche und darum sollte sie auch von Unterseiten gut erreichbar sein.

Eine Unterseite zu erstellen, welche mit der Homepage konkurriert, sollte vermieden werden. Bietet das Unternehmen spezielle 3D-Drucker für den Kunstdruck an und wird dies auf der Homepage auch prominent inhaltlich behandelt, wird es Suchmaschinen schwer fallen sich korrekt zu entscheiden, wenn es eine Unterseite mit dem Namen „3d-drucker-kunstdruck" gibt und hier ähnliche oder sogar identische Inhalte wie auf der Startseite zu finden sind.

Ein möglicher Aufbau für eine nutzerfreundliche Homepage ist die Auflistung der Kategorien/Dienstleistungen/Produkte, welche angeboten werden und diese in kleinen Absätzen vorzustellen. Auch Rezensionen, Referenzen und FAQs bieten sich hervorragend als Inhaltselemente, um das Thema der Website allgemein aufzugreifen.

Beispielstruktur:

3.5   In 3 Klicks zum Ziel: Die richtige Seitenstruktur für alle Themen der Website

Die Hierarchie der Seiten ist ein wichtiger Faktor zur Verdeutlichung der Priorität von Inhalten. Zur Steigerung der Nutzerfreundlichkeit sollte die Hauptnavigation der Website, sowie die interne Verlinkung innerhalb der Webseiten zu allen relevanten Inhalten führen.

Abb. 3.1 Möglichkeiten zum Aufbau einer Seitenstruktur

Die visuelle und technische Umsetzung außer Acht gelassen, kann die Seiten-struktur als Baumstruktur betrachtet werden. Sie kann umfangreich sein und viele Verzweigungen beinhalten. Wenn dies für den Umfang und das Themengebiet der eigenen Website notwendig ist, ist das auch in Ordnung.

Es müssen Entscheidungen getroffen werden, für welche Inhalte es sinnvoll ist eigens dafür angelegte Unterseiten anzulegen. Quantität ist hier nicht Qualität und bevor ein Inhalt nur „dünn" also mit wenig Mehrwert sehr allein auf einer Unterseite steht, ist es gegebenenfalls sinnvoller ihn auf eine Übersichtsseite zu verlagern.

Ein Beispiel, wie die Seitenstruktur beim Angebot von drei Dienstleistungen aussehen kann (Abb. 3.1):

Als Entscheidungshilfe muss hier das eigene Unternehmen, das Kundenseg-ment und die strategische Ausrichtung betrachtet werden. Bleibt es bei drei Dienstleistungen oder werden neue dazukommen? Sind die Dienstleistungen von allgemeinem Verständnis oder komplexe Prozesse, die genauer erläutert werden müssen und deshalb mehr Platz auf der Website benötigen? Welche Variante bie-tet die höchste Nutzerfreundlichkeit an? Sollen Inhalte mehrsprachig angeboten werden?

Auch die Pflege einer komplexen Seitenstruktur ist nicht zu unterschätzen. Schnell kann es zu nicht erreichbaren Links und Inhalten kommen. Wer-den Inhalte verschoben, so müssen gegebenenfalls viele Unterseiten angepasst werden.

Von großem Vorteil ist es, wenn diese Struktur vor Veröffentlichung der Website festgelegt werden kann und nicht im Nachgang verändert werden muss.

Suchmaschinen können jede Struktur erkennen. Wichtig ist eine hierarchische Struktur, welche logisch ist und keine Widersprüche wie doppelte Inhalte, gleiche oder zu ähnliche Seitennamen oder nichtssagende URLs enthält. Nach Definition der Seitenstruktur kann für die jeweiligen Unterseiten ein Standardlayout definiert werden. Wie sollen die Kategorieseiten und die Detailseiten aufgebaut sein? Headergrafik, h1 Überschrift, Einleitungstext, FAQ usw. Ein einheitliches Basis-Layout pro Themenseite macht nicht nur die Verwaltung einfacher, es verbessert auch die Nutzererfahrung durch das vereinfachte zurechtfinden. Ein nicht optimales Beispiel wäre ein Onlineshop, welcher für jedes Produkt ein individuelles Layout verwendet.

3.6   Mit oder ohne Bindestrich, .com oder .de? Der perfekte Domainname

Es gibt viele Domainendungen zur Auswahl, doch die bekanntesten bleiben Länder-Domains wie .de, .ch oder .at für den DACH-Raum, sowie die bei Einführung für US-amerikanische Unternehmen vorgesehene.com Domain. Die Top-Level-Domains .net und .org werden ebenso allgemeiner verwendet und waren ursprünglich für Netzanbieter, sowie nicht-kommerzielle Unternehmen vorgesehen.

Da für Suchmaschinen die Relevanz wichtig ist, können Unternehmen, welche einen nationalen Markt haben und ihre Dienstleistungen und Produkte zum Beispiel in Deutschland anbieten und vertreiben, dies mit einer .de Domain kommunizieren.

Zur Vermeidung von Verwechslungen und der Vorsorge von Problemen bei einer später geplanten Erweiterung des Markts, sollte bei einer Hauptdomain mit Länderkürzel auch immer die .com zusätzlich registriert werden. Diese muss nicht verwendet werden, aber die Registrierung schützt vor Wettbewerb unter ähnlichen Domains.

Sollen mehrere Wörter als Domain verwendet werden, so können diese durch einen Bindestrich getrennt werden. Es gibt auch erfolgreiche gegenwärtige Beispiele, aber die übliche Trennung von Wörtern im Bereich von URLs und Dateinamen im SEO-Kontext wird durch einen Bindestrich signalisiert. Die Registrierung der Domain ohne Bindestrich ist zusätzlich empfehlenswert.

Vor Veröffentlichung einer Website muss die Domain aus technischer Sicht noch nicht feststehen. Eine Website kann auch ohne eine offizielle Domain beziehungsweise einer vorübergehenden Subdomain (Abb. 3.2) aufgebaut werden. Ist

https://www.example.com/ueber-uns#team
    a   b   c   d   e   f

a) Protokoll
Protokoll für die Verbindung/Kommunikation.

b) Third-Level-Domain (Subdomain)
Teildomain der Organisation.

c) Second-Level-Domain
Name der Domain oder Organisation.

d) Top-Level-Domain
Letzter Abschnitt einer Domain.

e) Dokument (Slug)
Adressiert das Dokument.

f) Fragmentbezeichner (URI Fragment)
Adressiert Teile innerhalb des Dokuments.

Abb. 3.2   Anatomie einer Domain

eine Website allerdings veröffentlicht und möchte oder muss man die Hauptdomain ändern, so gibt es viele Punkte zu beachten. Umso wertvoller ist es für ein Unternehmen, wenn bereits zu Beginn eine passende Domain in ausreichend Domainendungen zur Verfügung steht.

Die Verwendung von Keywords in der Hauptdomain ist möglich, wenn nicht ausschließlich der Firmenname verwendet werden soll. Wie beim Schreiben von Inhalten ist eine übermäßige Verwendung von Keywords in Domains nicht zu empfehlen. Bei Erweiterung des Angebots des eigenen Unternehmens, würde eine zu starke Fokussierung von Keywords in der Domain als unpassend empfunden werden.

3.7   Mit einer Übersichtseite das eigene Unternehmen von der besten Seite zeigen

Die Seitenstruktur einer Website kann Suchmaschinen über die Sitemap im XML-Format bereitgestellt werden. Das Pendant dazu ist eine Übersichtseite für die Besucher der Website. Die Seitenstruktur einer Website ist ein hierarchischer Aufbau mit Haupt- und Unterseiten. Zur Steigerung der Nutzerfreundlichkeit kann dieser hierarchische Aufbau als eigenständige Unterseite angelegt werden

Abb. 3.3 Beispiel einer Übersichtsseite zur vereinfachten Navigation

(Abb. 3.3). Diese Übersichtsseite soll einen Überblick über die Website verschaffen und bietet eine visuelle und geordnete Möglichkeit Inhalte zu finden. Eine Suchanfrage startet in vielen Fällen allgemein und wird durch Recherche immer spezifischer. Dieser Weg/Fluss kann auf der Übersichtsseite flexibel und sinnvoll vorgegeben werden. Ein weiterer Vorteil dieser Übersichtsseite ist, dass sie ebenso von Suchmaschinen gelesen wird und diese die angegebene Hierarchie verstehen und gegebenenfalls Seiten indexieren können, welche nicht an anderen Stellen verlinkt sind. Die Übersichtsseite kann eine Zusammenfassung der wichtigsten Seiten der Website sein, vor allem bei einer großen Anzahl an Unterseiten.

3.8   Überschriften und Texte sinnvoll und stilvoll auf einer Website platzieren

Die Nutzerfreundlichkeit einer Website hat allgemein eine starke Gewichtung und wird auch von Suchmaschinen bevorzugt. Nicht verwechseln darf man Nutzerfreundlichkeit mit einer subjektiven Einschätzung, ob eine Website schön ist oder nicht. Zum Aufbau einer nutzerfreundlichen Seite gehört ein gut strukturierter Aufbau der Unterseiten. Das Lesen von Text muss flüssig und ohne Unterbrechungen möglich sein und die Intention hinter der Suchanfrage aufgreifen und so gut wie möglich behandeln. Je nach Länge des Inhalts, gibt es verschiedene Möglichkeiten aus der Webdesign-Toolbox, diese Inhalte visuell „schön" und sie auch für Suchmaschinen gut lesbar darzustellen. Beim Aufbau einer Website und einpflegen der Inhalte muss darauf geachtet werden, dass sowohl in der Desktop-Darstellung wie auch in der mobilen Ansicht dieselben Inhalte vorhanden sind. Bei langen Texten, wie Anleitungen oder allgemeinen Artikeln, welche ein großes Thema umfassend beschreiben, kann zu Beginn ein Inhaltsverzeichnis eingefügt werden. Eine Inhaltsangabe beziehungsweise ein Einleitungstext (Teaser) ermöglicht es, zügig zu prüfen, ob der Inhalt des Artikels potenziell zur eigenen Suchanfrage passt. Für Mensch und Maschine wird die Gewichtung des Inhalts durch den Aufbau des Texts signalisiert: Durch aussagekräftige und nicht zu vielen Überschriften in unterschiedlichen Größen wird ein Text sinnvoll strukturiert und deutlich, welcher Inhalt wichtig(er) ist.

Weitere textliche Elemente wie Absätze, Unterpunkte, Listen und UI-Elementen wie Akkordeons oder Tabs, verbessern die Lesbarkeit und ermöglichen es längeren Text erst durch eine Nutzerinteraktion sichtbar zu machen. Im Quelltext sind diese Elemente, aber auch vor einer Nutzerinteraktion vorhanden.

Eine übermäßige Verwendung von Überschriften oder eine wilde Mischung von unterschiedlichen Größen der Überschriften senkt die Nutzerfreundlichkeit.

Bei der Erstellung von Inhalten sollte immer darauf geachtet werden, ob ein Text tatsächlich als Überschrift markiert werden muss oder gegebenenfalls durch andere HTML-Tags visuell hervorgehoben werden kann.

3.9 Baukasten und Module: Vom Wettbewerb abheben mit FAQ, Rezensionen und Co.

Mit einem Content-Management-System können Websiteinhalte auch ohne Programmierkenntnisse eingepflegt werden. Die Inhalte werden häufig durch Drag-and-Drop Editoren positioniert und durch Einstellungen an die individuellen Bedürfnisse angepasst. Jedes CMS bietet eigene Layouts, Elemente und Optionen für den Seitenaufbau, die Pflege des Inhalts und der Individualität. Über die Jahre hat sich eine Gruppe an Standard-Widgets etabliert, welche auf vielen Webseiten ihren Einsatz finden. Für die Suchmaschinenoptimierung sind diese Elemente interessant, da sie weitere Möglichkeiten für die strukturelle Darstellung von Inhalt bieten: Hinter einem Akkordeon, welches aufgeklappt werden muss, kann sich ein weiterer Textabsatz mit einer Überschrift befinden. Weitere Elemente, welche häufig verwendet werden:

- Überschriften mit Unterzeilen (visuell oberhalb oder unterhalb der Überschrift angeordnet)

- Bilder/Bilder-Karussels/Icons
- Slider
- Listen
- Tabs
- Toggles

3.10   Bilder, Videos und Sounds suchmaschinenfreundlich einbinden

Textliche Inhalte können am einfachsten von Suchmaschinen gelesen, indexiert und ausgewertet werden. Die Suchmasken von Suchmaschinen erlauben aber auch eine explizite Suche nach Medientypen wie Bild und Video. Für die Auflistung in diesen speziellen Suchergebnissen gibt es einige Empfehlungen. Aus Sicht der Nutzerfreundlichkeit und des Datenschutzes sollten die Medien im besten Fall über die eigene Website ausgeliefert werden und nicht über externe Anbieter nachgeladen werden müssen. Diese Methode ermöglicht das schnellere Laden der Ressourcen, wodurch die Dauer zur ersten Interaktionsmöglichkeit verringert wird, und erhöht den Datenschutz, da keine Informationen an einen zusätzlichen Dienst übermittelt werden. Diese Punkte wiederum erlauben es Suchmaschinen die Website schneller auslesen zu können und durch die manuelle Einbindung der Inhalte, können viele Metadaten flexibel angepasst und von Suchmaschinen ausgewertet werden. Zusätzlich wird die Stabilität der Website nicht beeinträchtigt, da sie nicht von der Erreichbarkeit der externen Dienste abhängig ist.

Video
Bei einem Video kann und sollte ein Platzhalterbild verwendet werden. Diese Grafik hat einen sprechenden Dateinamen und wird angezeigt, bevor das Video überhaupt geladen oder damit interagiert wurde.

Bilder
Bilder sollten immer mit einem sinnvollen Inhalt im alt-Attribut eingebettet werden und ein webkonformes Dateiformat haben. Der Wert im alt-Attribut wird von Screenreadern (Barrierefreiheit) verwendet und wird angezeigt, falls das Bild nicht geladen werden kann. Zusätzlich können Suchmaschinen den Text aus dem alt-Attribut bei Verlinkung als Linktext verwenden.

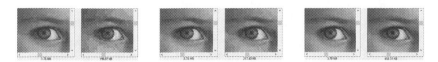

Abb. 3.4 Die perfekte Komprimierungsstufe für das Web zu finden, ist gar nicht so einfach

Sound
Bei reinen Sound-Dateien wie Podcasts bieten sich die textliche Darstellung des gesprochenen Inhalts als Transkript sowie Sprungmarken an.

Allgemein
Die Dateigröße sollte immer so klein wie möglich sein, um einen zu großen Qualitätsverlust zu vermeiden, die Website aber weiterhin schnell geladen werden kann (Abb. 3.4). Für Bild- und Videodateien können zusätzlich eigene Sitemaps angelegt werden. Dies wird unter anderem verwendet, wenn wichtige Bilder per JavaScript eingebunden werden und nicht direkt von Suchmaschinen gelesen werden können.

▷ **Achtung** Bei diesen Inhalten sprechen wir immer von „richtigen" Inhalten und nicht von dekorativen Elementen. Ein Bild, welches rein dekorativ (Rahmen, Schatten, Hintergrund) verwendet wird, hat aus Nutzersicht keine große Bedeutung und hier sollten keine Keywörter verwendet werden.

3.11 Links erstellen und Seiten richtig untereinander verlinken

Die interne Verlinkung, also Verweise von einer Unterseite auf eine andere Unterseite innerhalb der gleichen Website, steigert die Nutzerfreundlichkeit, da dadurch verwandte Inhalte miteinander verknüpft werden können. Ein Link ist immer eine eindeutige URL zu einer Seite und kann aus technischen Gründen auch defekt sein. Besteht die Seitenstruktur der Website aus mehreren Hauptthemen und Unterpunkten und wurde diese Struktur in den Aufbau der Seiten-URLs übernommen, so kann durch Umbenennen, Löschen oder Verschieben einer Unterseite ein nicht mehr erreichbarer Link entstehen. Dieses Ergebnis muss in vielen Fällen bereits vor der Umstrukturierung einer Website berücksichtigt werden.

Fehlerhafte Links sind für das Nutzererlebnis schädlich und verhindern auch Suchmaschinen ein flüssiges Durchsuchen der Website. Die Identifizierung von fehlerhaften Links kann nach einer Umstrukturierung nur manuell oder mithilfe externer Tools durchgeführt werden.

Ein Link besteht immer mindestens aus zwei Teilen: Dem Ziel, also die URL, auf welche verlinkt wird und der Text des Links (Ankertext). Der Ankertext beschreibt das verlinkte Ziel und sollte daher nicht zu allgemein sein. Zu empfehlen ist auch das title-Attribut zu setzen.

Beispiel

Anstatt „Hier klicken" kann stehen: „In der Übersicht der wichtigsten Faktoren für XY finden Sie alle weiteren Informationen" (Ankertext unterstrichen). Muss der Ankertext aus bestimmten Gründen leer sein, sollte mindestens das title-Attribut des Links gesetzt sein.◄

Aus technischer Sicht sollte soweit möglich das a-Element mit dem href-Attribut für Links verwendet werden. Andere Möglichkeiten der Verlinkung wie zum Beispiel durch JavaScript werden von Suchmaschinen normalerweise nicht berücksichtigt.

Neben dem Verweis auf eine URL durch einen Linktext, werden auch häufig Bilder verlinkt. Da der Linktext eine Beschreibung des verlinkten Ziels sein soll, muss bei Bildern eine andere Möglichkeit verwendet werden. Hier greift das alt-Attribut der Grafik, welche innerhalb eines a-Elements für die Verlinkung verwendet wird.

Die Ziel-URL einer Verlinkung kann dabei relativ oder absolut angegeben werden.

Eine Verlinkung auf die gleiche Seite zu einem anderen Abschnitt, wird durch die Angabe des Kennzeichens „#" (Fragment) mitgeteilt und ermöglicht das Setzen von Sprungmarken innerhalb der Seite. Bei Klick auf diese Links scrollt/springt der Browser direkt zu diesem Abschnitt, es findet keine neue Navigation zu einer anderen Seite statt. Diese Fragmente können Keywörter enthalten, diese werden aber normalerweise nicht von Suchmaschinen bewertet.

Eine gute Regel für die Notwendigkeit einer Verlinkung ist immer der Kontext und die Relevanz der aktuellen Seite: Gibt es weitere Seiten, welche Mehrwert zum aktuellen Inhalt beitragen würden und gegebenenfalls sonst nicht so einfach über die Hauptnavigation zu erreichen sind?

3.12   Warum Dateinamen das Sprechen anfangen sollten

Generische Dateinamen sagen über den Inhalt einer Datei wenig aus. Ohne zu lang zu sein, sollte eine Dateiname für ein Bild, ein Video oder andere Dokumente wie PDF-Dateien den Inhalt beschreiben.

Neben der Suche nach Websites kann bei Suchmaschinen auch explizit nach Bildern und weiteren Dateitypen gesucht werden. Für die Schreibweise von Dateinamen ist eine Kleinschreibweise zu empfehlen und Wörter mit einem Bindestrich, statt mit Leerzeichen zu trennen.

Ein konsistentes Format der Schreibweise über die komplette Website hinweg, hilft nicht nur bei der eigenen Organisation, es ermöglicht auch Suchmaschinen die Dateien besser in Kontext setzen zu können. Ein Sonderfall sind automatisch erzeugte Dateien, welche untereinander referenziert sind und bei welchen der Dateiname beibehalten werden muss, um die Funktionalität des automatisch erzeugten Dokuments nicht zu beeinträchtigen.

Ein aussagekräftiger Dateiname, ein beschreibendes alt-Attribut (bei Bildern) beim Einbinden der Datei und eine Platzierung der Datei innerhalb der Website auf einer relevanten Unterseite in der Nähe des dazugehörigen Texts, sind wichtige Voraussetzungen den Inhalt der Datei für Suchmaschinen verständlich zu machen.

▷ **Tipp** Dateinamen sollten nicht nur aus SEO-Sicht sprechend sein. Auch für die eigene Organisation der Bilder und der Verwechslungsgefahr beim Einbinden in die Website, empfehlen sich aussagekräftige Dateinamen. Gutes Beispiel: mobile-wetterstation-silber-marke-xy.png, schlechte Beispiele: DSC3822.jpg, wetterstation.png, Vorlage-neu.pdf.

3.13   Titel und Website-Beschreibung für Google und Co. erstellen

Die HTML-Meta-Tags „<title>" sowie „<description>" sind essenzielle Werte, um den Inhalt einer Seite zusammenfassend zu beschreiben. Die Anzeige der eingetragenen Daten, kann dabei von Suchmaschinen für die Darstellung in den Suchergebnissen verwendet werden, eine Garantie dafür gibt es aber nicht. Je nach Suchanfrage kann eine Suchmaschine auch andere Textausschnitte für die

Website-Beschreibung aus der relevanten Unterseite zur Anzeige in den Suchergebnissen verwenden. Es gibt keine maximal vorgegebene Zeichenlänge für
diese beiden Werte, aber durch den vorgegebenen visuellen Rahmen, den ein
Suchergebnis maximal einnehmen kann, sollten die Texte nicht zu lang aber ausreichend sein, um den Inhalt der Website korrekt zusammenfassend anzeigen zu
können. Auch ein Test auf mobilen Endgeräten lohnt sich, da hier noch weniger
Platz zur Anzeige verfügbar ist. Da hier die Möglichkeit besteht, einen optima-
len Text vorzugeben, sollten diesen Werte für jede Seite gepflegt werden. Das ist
nicht immer manuell möglich, aber bei speziellen Landingpages kann dadurch im
besten Fall die Darstellung in den Suchergebnissen positiv beeinflusst werden.

3.14 Mit strukturierten Daten besondere Inhalte hervorheben

Suchmaschinen lesen den HTML-Quellcode einer Website, um das Thema der
Seite zu verstehen. Dabei ist dieser Aufbau von Quellcode von Website zu
Website unterschiedlich und die Darstellung von Informationen muss keine vor-
gegebene Struktur verfolgen. Um die angezeigten wichtigsten Informationen
Suchmaschinen in einer leicht zu verarbeitenden Form zur Verfügung zu stellen,
können diese in einer einheitlichen Struktur in die Website eingebaut werden.
Diese strukturierten Daten sind im Browser nicht sichtbar, helfen aber Suchma-
schinen die Inhalte der Website noch besser zu verstehen und diese strukturierten
Daten in den Suchergebnissen auch visuell anders hervorzuheben.

Beispiel

Sehr gut eignen sich Elemente wie FAQs, Produktinformationen, Standorte,
Kontaktdaten, Events/Veranstaltungen, Stellenanzeigen, Bücherinformationen
oder Breadcrumbs für die Darstellung als strukturierte Daten.◄

3.15 Eine schnelle Website auch ohne Programmierkenntnisse aufbauen

Eine schnelle Website verbessert das Nutzererlebnis und ist einer der vielen Faktoren, welcher in die Berechnung für die Position in den Suchergebnissen mit
einfließen kann. Eine langsame Website, welche mehrere Sekunden bis zur ersten

Interaktionsmöglichkeit benötigt, senkt die Chancen eines positiven Nutzererlebnisses erheblich. Bei der Recherche nach bestimmten Artikeln zum Kauf werden in den Suchergebnissen viele Onlineshops aufgelistet. Bei der Suche nach dem besten Ergebnis ist ein langsamer Onlineshop benachteiligt, da ein schneller Klick auf das nächste Ergebnis viel weniger Aufwand bedeutet und das Vertrauen in eine instabile Website sinkt. Die Geschwindigkeit einer Website ist von vielen Faktoren, welche teilweise nicht in der eigenen Verantwortung stehen, abhängig. Eine Kennzahl (W3C, LCP) an welcher sich orientiert werden kann, ist (vereinfacht) der Aufbau des größten Text/Bild-Blocks im sichtbaren Bereich des Nutzers in einer Zeit von 2,5 s. Die Geschwindigkeit einer Website kann von verschiedenen Tools durchgeführt werden und sollte unter verschiedenen Szenarien wie einer langsamen Mobilfunkverbindung, sowie von unterschiedlichen Endgeräten gemessen werden. Eine zentrale Voraussetzung für eine schnelle Website ist das Hosting, also die Umgebung, auf welcher die Website betrieben wird und wie diese Umgebung an das Internet angebunden ist. Je nach Umfang der Website, Intensität der Nutzung und technischer Komplexität kann ein erweitertes oder auch dediziertes Hosting sinnvoll sein. Für eine reine Unternehmenswebsite, welche mit einem marktüblichen CMS aufgebaut wurde und bis auf Kontaktformulare wenig Interaktionsmöglichkeiten bietet, sollte gemeinsam genutzter Webspace ausreichend sein. Lässt sich die geographische Verteilung der Websitenutzer auf ein Land eingrenzen, ist es sinnvoll die Website auch bei einem Rechenzentrum in diesem Land zu betreiben. Liegt die Website physikalisch ausschließlich in Land B, wird aber zum Großteil von Land A abgefragt, verschenkt man hier unnötige Ressourcen für die Datenübertragung. Das Thema CDN (Content Delivery Network) spielt hier bei datenintensiven Websites eine relevante Rolle und zwar, unter anderem wenn ein Großteil des Traffics der Website in viele verschiedene Lokationen ausgeliefert werden muss. Ein CDN ist ein System, welches die optimierte Auslieferung der Website (oder bestimmten Teilen davon, wie Grafiken und Videos) aus verschiedenen physikalischen Standorten organisiert. Zu beachten ist, dass eine nicht optimale Konfiguration und Administration eines CDNs eher zu Nachteilen in Bezug auf Performance und Stabilität einer Website führt. Neben statischen Websites, bieten vor allem dynamische Websites Potenzial zur Optimierung und versteckte Performance-Bremsen. Wie bei jeder Software, sollte die Website unter den aktuellen Versionen der verwendeten Techniken betrieben werden. Viele CMS werden mit PHP und MySQL betrieben und können durch aktuelle Versionen Performanceschübe erhalten. Bei der Geschwindigkeit einer Website sind die vielfachen Verbindungen und die Dauer der einzelnen Datenübertragungen ein zentraler Faktor für die Ladezeit. Ein Aufruf einer Website im Browser ist eine Anforderung an den Webserver, die

Website inklusive aller Ressourcen (Texte, Bilder…) in geeigneter Form an den Browser zu senden. Bei diesem Vorgang werden häufig Datenbankabfragen und Dateizugriffe, welche zeitintensiv sein können, durchgeführt. Hat sich seit dem letzten Abruf der Website und einem aktuellen Abruf allerdings nichts Essenzielles verändert, so können die bereits vorab generierten Daten erneut an den Browser gesendet werden. Dieser Vorgang wird Caching genannt und spart durch die Wiederverwendung von Daten Zeit und technische Ressourcen. Bereits bei der Pflege einer Website kann auf eine optimierte Auslieferung geachtet werden: Grafiken, Fotografien, Videos sollten vor dem Hochladen auf einer Website bereits komprimiert werden. Dadurch ist sichergestellt, dass Systemweit (Websiteweit) ausschließlich die optimierten Daten und (auch nicht unbeabsichtigt) nicht die rohen Daten verwendet werden können. Ein nachträgliches Aufräumen und Austauschen der zu großen Dateien ist sehr aufwendig. Die vielen Verbindungen beim Abrufen einer Website werden für den Download der Texte, Grafiken, Code-und Style-Dateien benötigt und sollten ohne Fehler abgeschlossen werden. Grafiken, welche auf einer Website eingebaut sind, aber physikalisch nicht mehr auf dem Webserver liegen (da z. B. gelöscht oder verschoben), benötigen eine unnötige Verbindung und erzeugen im Hintergrund einen 404 Fehler (Ressource nicht gefunden). In solchen Fällen muss die Datei wieder korrekt eingebunden oder die Einbindung entfernt werden.

> **Tipp** Nur laden/einbinden was notwendig ist. Jede kleine Ressource kostet Millisekunden zum Laden und bei vielen Verbindungen können hier auch größere Verzögerungen auftreten. Vor allem beim Warten auf Ressourcen, welche für den Aufbau des visuellen Teils der Website und der Interaktionsmöglichkeit notwendig sind, sollten alle Ressourcen schnell verfügbar sein.

Die Einbindung externer Tools und Widgets innerhalb einer Website kann zu erheblichen Performanceeinbußen führen, wenn diese für den Aufbau der Website benötigt werden. Da diese externen Scripte zusätzlich von anderen Servern, welche teilweise in einer anderen Region liegen, geladen werden müssen, hat man nur wenig Einfluss auf die Stabilität und Ladezeit dieser Ressourcen. Neben der Geschwindigkeit ist auch der komplexe technische datenschutzkonforme Einbau solcher Tools ein Aspekt, welcher über Alternativen der Einbindung zum Nachdenken anregen soll. Der technische Fortschritt im www ist auch im Bereich der Performance weit vorangetrieben und je nach Anbieter der externen Tools kann auch das Gespräch beziehungsweise der Hinweis auf die aktuellen Möglichkeiten und Anforderungen hilfreich sein (Asynchrones Laden, keine Cookies, keine Statistiken). Immerhin geht es um den Eindruck und die Performance der eigenen Website.

3.16 Lokalen Vorteil nutzen. So werden Sie „in der Nähe" gefunden

Die regionale Suchmaschinenoptimierung hat in den letzten Jahren gefühlt einen richtigen Schub erhalten. Suchmaschinen erkennen anhand des Keywords auch ohne genaue Ortsangabe in vielen Fällen, dass die Suchergebnisse einen regionalen Bezug haben sollten (Abb. 3.5). Ein Handwerksbetrieb im „lokalen Schafspelz" ist nicht vertrauenserweckend.

▸ **Wichtig** Regionale Optimierung nur wenn relevant, also wenn die Dienstleistung auch regional ausgeführt werden kann. Bei der Suche nach einem Handwerksbetrieb in der Nähe kann die Auflistung in den

Abb. 3.5 Der eigene Standort wird bei der Suche mit einbezogen

Suchergebnissen auch schädlich sein, wenn der potenzielle Kunde nach einem Anruf feststellen muss, dass der Betrieb in einem anderen Bundesland seine Werkstatt hat.

Die folgenden Beispiele sollen die Möglichkeiten einer lokalen Optimierung verdeutlichen:

Über uns
Die Autorität eines Unternehmens kann positiv von einer „Über uns" Seite beeinflusst werden. Durch die Vorstellung des Teams und der Geschäftsführung wird vertrauen aufgebaut und so kann je nach Unternehmensstrategie/Philosophie auch ein regionaler Bezug hergestellt werden.

Auflistung und Vorstellung der Standorte
Alle Filialen oder Standorte eines Unternehmens können inklusive Adresse/Anschrift vorgestellt werden. Auf einer großen Seite oder durch das Anlegen von Unterseiten pro Filiale.

Fotos hochladen
Eine Führung durch das Unternehmen, die Fertigung oder das Team: Es gibt viele Möglichkeiten durch Fotografien das Unternehmen vorzustellen und eine regionale Komponente einzufügen.

Weg zu uns
Eine genaue und einfach formulierte Wegbeschreibung mit der Angabe von Parkplätzen in der Nähe bietet Mehrwert.

News
Artikel in regionalen Zeitungen in der Form von: Gastbeiträgen, Interviews, Jubiläen der Firma oder des Teams steigern die Bekanntheit in der Region.

Alles, das Mehrwert bietet kann auch regional von Vorteil sein: Die Verlinkung von weiteren lokalen Unternehmen stellt eine Verbindung her und kann beidseitig organisiert werden.

> ▶ **Achtung** Die automatisierte Generierung von Städteseiten, also regionalen Brückenseiten (doorway pages) sollte vermieden werden.

Suchmaschinenoptimierung ist sehr zeitaufwendig und die Energie sollte anstatt für viele kleine Unteroptimierungen (Städteseiten) für die Optimierung relevanter

Keywords, welche zur Branche passen, genutzt werden. Welcher Radius einbezogen wird und welche Städte relevant sind, muss im Einzelfall entschieden werden. Im Prinzip ist alles erlaubt, was Mehrwert bedeutet und nicht rein für die Suchmaschinen generiert wurde. Liegt das Unternehmen zum Beispiel in einem Dorf ist es verständlich, dass beim Wunsch nach einer regionalen Optimierung für die nächste größere Stadt optimiert wird.

Neben Optimierungen, welche direkt auf der Website (Onpage) vorgenommen werden können, empfehlen sich weitere Maßnahmen (Offpage) zur, aber nicht ausschließlich, regionalen Optimierung:

Google Unternehmensprofil

Das eigene Unternehmensprofil sollte verifiziert werden, um alle relevanten Informationen wie die korrekte Anschrift (identisch mit der Anschrift auf der Website), dem korrekten Firmennamen, einer aussagekräftigen Beschreibung sowie der Pflege von Dienstleistungen/Produkten und vor allem Öffnungszeiten und Kontaktdaten selbstständig pflegen zu können. Auch die Beantwortung von erhaltenen Bewertungen und das Hochladen von Fotos sind Möglichkeiten sich vom Wettbewerb „in der Nähe" abzuheben.

Je nach örtlicher Relevanz wird das Unternehmen auch in den Google Maps Einträgen angezeigt. Eine Suche nach „schwäbisches Restaurant" impliziert eine starke regionale Abhängigkeit und wird in den meisten Fällen auch ohne die Ortsangabe regionale Suchergebnisse auflisten. Deshalb ist die Pflege der relevanten Daten eines Unternehmensstandorts über die verschiedenen Plattformen (Website, Unternehmensprofil, Verzeichnisse) essenziell, um Suchmaschinen die Zusammengehörigkeit zu verdeutlichen.

3.17 Von anderen verlinkt werden: Firmenverzeichnisse, Zeitungen und worauf man besser verzichten sollte

Empfehlungen sind ein starker Faktor bei der Suche nach einem passenden Unternehmen. Die Auflistung der Suchergebnisse soll neben relevanten auch vertrauenswürdige Websites beinhalten. Ein Element zur Messung des Vertrauens ist der Verweis von anderen vertrauenswürdigen Websites, sogenannte Backlinks. Viele Verweise auf die eigene Website kommen automatisch, indem

Inhalte bereitgestellt werden, welche von anderen Webseiten oder Unternehmen als wertvoll eingestuft und verlinkt werden (Produktkataloge, Preislisten, Pressemitteilungen, Blogartikel).

Da eine Verlinkung von Websites untereinander für beide Seiten die Bewertung beeinflussen kann, gibt es fest definierte Werte für das HTML-Element „a" und das dazugehörige Attribut „rel". Darüber kann bei einem Link mitgeteilt werden, ob der Ruf der eigenen Website an die verlinkte Website (nicht) weitergegeben werden soll. Dies wird unter anderem verwendet, um bei (hervorgehobenen) Werbeanzeigen auf externe Websites verlinken zu können, ohne vom gegebenenfalls unrelevanten Inhalt der Zielseite negativ beeinflusst zu werden. Viele CMS bieten Kommentarfunktionen an, welche einen Link zur persönlichen Homepage erlauben und hier werden zum Großteil bereits automatisch Werte wie „nofollow" oder „ugc" für die Beziehung des Links verwendet, um keine Beziehung zu diesen Seiten aufzubauen.

Möglichkeiten proaktiv Backlinks zu setzen:

- Vertrauenswürdige Firmenverzeichnisse
- Zeitungen (Interviews, Gastartikel, Kolumnen)
- Partnerunternehmen

Die Arbeit für gute Backlinks ist sehr aufwendig (Recherche, Kontakt aufbauen, Kommunikation, Text) und hat nichts mit bezahlter Werbung oder Werbeanzeigen zu tun. Hier geht Qualität über Quantität: Vertrauensvolle unbezahlte Links von Websites aus relevanten Bereichen sollten beim Wunsch nach Backlinks priorisiert werden.

> **Wichtig** Suchmaschinenoptimierung ist ein Mix aus vielen Faktoren und Backlinks sind nur ein (kleiner) Faktor, über welchen aufgrund der externen Administration auch wenig Einfluss auf die Qualität des Backlinks in der Zukunft besteht.

Messen und Fehler vermeiden 4

Ohne eine langfristige Messung der Ergebnisse ist eine Bewertung der durchgeführten SEO-Maßnahmen schwierig. Viele positive, aber auch negative Auswirkungen zeigen sich erst mehrere Monate nach Beginn einer fortlaufenden und nachhaltigen Optimierung. Auf der anderen Seite gibt es aber auch technische Fehler, welche nach Korrektur zu einer sofortigen Verbesserung führen können. Wichtig zu beachten ist, dass Suchmaschinenoptimierung als Hauptaufgabe die Steigerung des Traffics hat. Ob dieser Traffic letztendlich Umsatz generiert, hängt von weiteren Faktoren ab.

4.1 Mit kostenlosen Tools den Erfolg der eigenen Seite prüfen

Neben kostenpflichtigen Softwaretools ist die Werkzeugbox von Google sehr beliebt, wenn es um den Status der Indexierung, Fehlermeldungen auf der Website oder Optimierungsempfehlungen in Bezug zur Suchmaschinenoptimierung geht.

▶ **Wichtig** Die meisten Analysetools erfordern die Einbindung von Code auf der eigenen Website und müssen datenschutzkonform eingebunden werden. In diesem Kapitel wird auf ein vereinfachtes Tool von Google, die Google Search Console eingegangen. Diese kann ohne das direkte Einbinden eines Scripts in die eigene Website, schnell und datenschutzkonform mit der Website verbunden werden und bietet durch eine benutzerfreundliche Oberfläche für Anfänger

© Der/die Autor(en), exklusiv lizenziert an Springer Fachmedien Wiesbaden GmbH, ein Teil von Springer Nature 2024
M. Hinderer, *Einstieg in die Suchmaschinenoptimierung*, essentials,
https://doi.org/10.1007/978-3-658-44638-3_4

sowie Profis eine gute Übersicht (Abb. 4.1). Wer richtige Analysen haben möchte, kann zu einer Open-Source Lösung wie Matomo greifen. Wenn man sich aber nicht ausgiebig mit den Statistiken der Tools beschäftigen kann, dann kann man sich die Einbindung auch sparen.

In der Google Search Console kann die eigene Website als Objekt zur Verwaltung angelegt werden. Dafür ist eine Art der Authentifizierung (Website-Inhaberschaft) notwendig, welche sicherstellen soll, dass nur Websiteinhaber die eigene Website an die Google Search Console anbinden und die relevanten Daten sehen können. Da allerdings kein Widget-Code (JavaScript) wie bei „richtigen" Analysetools eingebunden wird, beziehen sich die Ergebnisse in der Google Search Console auch ausschließlich auf den Kenntnisstand von Google (dafür aber unkompliziert und datenschutztechnisch – zum heutigen Zeitpunkt – nicht relevant).

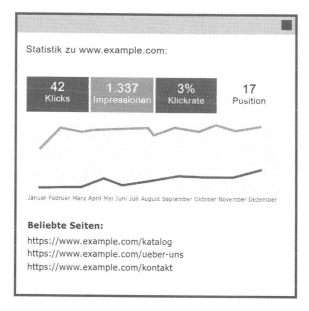

Abb. 4.1 Dashboard mit Informationen zu Zugriffsdaten auf eine Domain (Klickrate = Klicks/Impressionen * 100)

Was kann die Google Search Console? Vor allem technische Aspekte wie Fehler bei nicht gefundenen Seiten, Seiten, die nicht indexiert werden (können), Darstellungsfehlern auf mobilen Endgeräten, Gültigkeit der Sitemap oder Intervall der Indexierung werden zeitnah aufgelistet. Nicht jeder Fehler, welcher in der Google Search Console angezeigt wird, ist ein kritischer Fehler, welcher zu einer schlechteren Positionierung in den Suchergebnissen führt. Typische Fehlkonfigurationen kann die Google Search Console also relativ zuverlässig abbilden.

Viele Fehler entstehen, wenn Seiten auf der eigenen Website gelöscht oder umgezogen werden und die Google Search Console hier den aktuellen gewünschten Stand noch nicht kennt und vergeblich eine noch indexierte Seite sucht.

Eine große Hilfe und Inspiration sind die zusätzlichen Suchbegriffe, für welche die eigene Website angezeigt wird, wie oft sie angezeigt wird (Impressionen) und wie oft das Suchergebnis tatsächlich besucht wurde (Klick). Dadurch eröffnen sich gegebenenfalls weitere Pfade für zu erstellende Inhalte oder auch der Ergänzung vorhandener Inhalte mit fehlenden Fakten.

Neu angelegter Inhalt kann über die Google Search Console direkt zur Indexierung beantragt werden und wird in diesem Zuge auch gleich technisch geprüft. Der Antrag zur Indexierung ist keine Garantie, aber in vielen Fällen ist die Seite durch das manuelle Beantragen doch etwas schneller im Index. Alternativ besucht der Google Bot die Website und sucht nach neuen und aktualisierten Inhalten. Dieses Vorgehen kann vor Duplicate Content schützen: Neu veröffentlichter Inhalt kann vor Indexierung einer Suchmaschine kopiert und unrechtmäßig auf einer anderen Website veröffentlicht werden. Dieser kopierte Inhalt könnte von Suchmaschinen dann als der Original-Inhalt angesehen werden. Das manuelle Beantragen zur Indexierung wird in der Praxis nur in Einzelfällen stattfinden, da der Aufwand sehr hoch sein kann.

Werden auf der Website strukturierte Daten verwendet (empfohlen), bietet Google auch für diesen Zweck ein Tool an. Über das Testtool für Rich-Suchergebnisse kann eine URL zur Prüfung eingegeben werden. Google prüft dann, ob auf der Website strukturierte Daten vorhanden sind und in welcher Form diese wiederum angezeigt werden können. Da strukturierte Daten als Code im Quelltext eingetragen werden, können hier schnell Syntaxfehler auftreten, welche die Daten nicht interpretierbar machen. Diese Fehler müssen nicht unbedingt zu einer sichtbaren technischen Beeinträchtigung der Website führen und fallen daher häufig nicht auf. Bei der Ergänzung oder Anpassung von strukturierten Daten sollte also immer eine Gegenprüfung stattfinden.

Das Nutzererlebnis einer Website wird stark von der Geschwindigkeit und ersten Interaktionszeit einer Website beeinflusst. Auch hier bietet Googles

PageSpeed Insights ein aussagekräftiges Werkzeug mit konkreten Hinweisen zu
Optimierungsmöglichkeiten an. Die vorgeschlagenen Anpassungen sind technisch
in vielen Fällen komplexer umzusetzen, im Bereich von zu großen Bildern bietet dieses Tool aber eine schöne Auflistung von Grafiken, welche komprimierter
eingebunden werden können.

Diese drei Softwaretools sind für die Grundausstattung des SEO-
Werkzeugkastens zu empfehlen. Für größere Wünsche, genauere Daten oder
umfangreichere Funktionen gibt es im kommerziellen Bereich viele weitere,
welche vor allem von Teams beziehungsweise Agenturen verwendet werden.

4.2   Schmeckt nicht: Darum machen Suchmaschinen einen großen Bogen

Eine Website wird durch die visuelle Aufbereitung des Quellcodes im Browser
angezeigt. Quellcode einer Website beinhaltet HTML, eine Auszeichnungsspra-
che, welche vor allem für die Strukturierung gedacht ist und durch Überschriften-
Tags wie h1, h2, h3 eine Gliederung in HTML-Dokumenten erlaubt. Diese
HTML-Tags interessieren bei einem normalen Besuch einer Website nicht direkt,
für Suchmaschinen aber sind sie essenziell, um erkennen zu können, welcher Text
wichtig und wie ein Dokument gegliedert ist.

Je nach verwendeter Technik und Art der Programmierung einer Website, kann
es sein, dass die Inhalte nicht sofort im HTML-Quelltext stehen, sondern durch
Code (JavaScript) nachgeladen werden. Hintergrund ist hier, dass solche Websites
als eine Art Web-App genutzt werden oder durch weniger Verbindungen zum
Webserver schneller geladen werden sollen.

Wiederholende Inhalte oder ein zu breit gefächertes Themengebiet über die
komplette Website ohne ein konkretes Hauptthema machen es Suchmaschinen
schwer das Hauptthema der Website festzulegen und in Relevanz mit der Suchanfrage zu bringen. Inhalte, welche auf der eigenen Website veröffentlicht werden
sollen oder müssen und eigentlich nichts mit dem Themengebiet der Website zu
tun haben, können durch die passenden Indexierungsanforderungen auch von der
Indexierung durch Suchmaschinen ausgeschlossen werden.

Nicht nur aus SEO-Sicht sollten ungewollte Weiterleitungen zu unseriösen
Websites oder Schadsoftware (Malware) absolut vermieden werden. Dies führt
schnell zu einer kompletten Sperrung beziehungsweise Warnung im Browser und
ist keine gute Voraussetzung für eine nachhaltige SEO-Strategie.

Das Crawlen von Milliarden Websites kostet enorme Ressourcen und muss
von Suchmaschinen so effizient wie möglich durchgeführt werden. Websites mit

Abb. 4.2 Warnhinweise und Fehlermeldungen können SEO negativ beeinflussen

Fehlermeldungen (Abb. 4.2), einer zu langsamen Reaktionszeit oder gar Timeouts können nicht ordentlich gecrawlt werden, was wiederum dazu führt, dass neuer oder aktualisierter Inhalt nicht in den Index aufgenommen oder veralteter Inhalt nicht aus dem Index entfernt werden kann.

Unseriöse oder gekaufte Backlinks „schmecken" ebenso wenig wie rein automatisiert generierter Inhalt oder Text, welcher ausschließlich des Umfangs wegen für Suchmaschinen erstellt wurde.

Seriöse Suchmaschinen respektieren die robots.txt und eine Fehlkonfiguration kann zur kompletten Vernachlässigung der Website führen.

Fazit und Ausblick

5

Suchmaschinenoptimierung bedeutet eigentlich Optimierung des Nutzererlebnisses und der Erstellung von gehaltvollem Inhalt. Tricks helfen kurzfristig und sind nicht nachhaltig, Suchmaschinenoptimierung ist ein langer Prozess mit vielen Faktoren – es gibt nicht den einen. Und häufig zeigen sich positive, aber auch negative Ergebnisse erst später. Gegenüber SEO steht SEA, also die gekaufte Anzeigenschaltung. Suchmaschinenoptimierung ist vielfältig, herausfordernd, macht Spaß und bietet immer wieder neue Anknüpfungspunkte.

5.1 Die Zukunft der Suchmaschinen und wie man sich darauf vorbereitet

Das Geschäftsmodell von Suchmaschinen ist etwas im Widerspruch mit dem Ziel vom Betrieb einer Website. Eine Suchmaschine verdient Geld durch die Schaltung von Anzeigen. Ein höherer Klickpreis, mehr Unternehmen, die Anzeigen schalten und damit Erfolg haben, führen auch zu mehr Umsatz.

Werbeanzeigen sind häufig dafür etwas allgemeiner und bieten nicht immer die gesuchte Lösung, wenn möglich werden Anzeigen auch bis zum Schluss übersprungen.

Die organischen Suchergebnisse müssen aus vertrauenswürdigen und gehaltvollen Inhalten aufgebaut sein und möglichst relevant zur Suchintention hinter den Suchbegriffen sein. Viele Fragen an eine Suchmaschine können direkt in sogenannten Snippets beantwortet werden. Dadurch ist kein Besuch der Website notwendig, die Website von welcher das Snippet stammt wird dafür aber im Gegenzug eventuell als Autorität im Themengebiet betrachtet.

M. Hinderer, *Einstieg in die Suchmaschinenoptimierung*, essentials,
https://doi.org/10.1007/978-3-658-44638-3_5

Die Suchmaschine ist der zentrale Einstieg und als Betreiber einer Website dadurch stark davon abhängig. Ohne Websites mit relevantem Inhalt würde eine Suchmaschine rein aus Anzeigen bestehen, was ebenso wenig Sinn macht. Durch die schnelle benutzerfreundliche Nutzbarkeit von Anwendungen wie ChatGPT und der Integration in die einzelnen Suchmaschinen, können Fragen bereits heute direkt innerhalb einer Suchmaschine beantwortet werden. Man kann also davon ausgehen, dass zukünftig auch komplexere Fragen direkt von den Suchmaschinen beantwortet werden und so die eigene SEO-Content-Strategie zu diesem Wandel neue noch höherwertigere Inhalte beinhalten muss, sodass der richtige Mehrwert erst auf der eigenen Seite stattfindet.

5.2   SEO mit KI – 4 Möglichkeiten, um bereits heute mit künstlicher Intelligenz noch bessere Plätze erreichen

Mit KI generierte Inhalte werden vermehrt verwendet werden und dabei spielt die Qualität eine große Rolle: Bei nutzerfreundlichen hochwertigen Inhalten, spielt die Information, dass der Inhalt mithilfe von KI (in angemessen Maße) erzeugt wurde, eine Nebenrolle. Automatisierte Inhalte (bis auf wenige Ausnahmen) können schnell gegen Spamrichtlinien verstoßen. Suchmaschinen werden immer besser KI generierte Inhalte erkennen und dadurch auch die Qualität dieser Inhalte. Durch die Werkzeuge, welche KI-Tools anbieten, ist die Generierung von Inhalt zu einem bestimmten Thema kein Aufwand, aber: Hier stellt sich deutlich heraus, ob die darauf aufgebauten Inhalte fachlich korrekt sind und das kann den entscheidenden Unterschied ausmachen.

Themenrecherche
Den eigenen Markt kennt man mittlerweile zu gut (Betriebsblindheit) und das kann bei der Recherche nach weiteren Keywords oder Ideen zu einer ungewollten Einschränkung führen. Durch KI-Tools kann in kurzer Zeit das Themengebiet ausgeweitet werden und neue Begriffe und Kategorien für weitere Inhalte entdeckt werden.

Textgenerierung (auch mehrsprachig)
Das Schreiben von Inhalt ist inklusive Recherche und Nachbearbeitung sehr aufwendig. KI-Tools bieten die Möglichkeit Texte in gewünschter Länge unter Berücksichtigung von Parametern wie Art des Texts, Ausdrucksweise oder maximale Textlänge generieren zu lassen.

Dabei sollten diese generierten Texte nicht direkt übernommen werden, aber die generierten Inhalte dienen als Inspiration für eigenen Inhalt.

Bei der Generierung von mehreren KI-Texten zu einem Thema, kann es vorkommen, dass sich viele Inhalte überschneiden und sich lediglich in der Art der Formulierung oder des Textaufbaus ändern.

Bild- und Videogenerierung
Die künstliche Generierung von Grafiken und Videos unterstützt nicht nur durch die Berücksichtigung der individuellen Anforderungen. Vor allem der zeitliche Aufwand, welcher normalerweise für die Recherche nach geeigneten Ressourcen für ein (neues) Webprojekt benötigt wurde, verringert sich enorm, da die benötigten Dateien nun per Befehl erzeugt werden können.

Automatisierung
Durch Schnittstellen können eigene Tools entwickelt werden, welche automatisch aufbereitete Inhalte erzeugen. Für viele Inhaltsarten ist das auch in Ordnung, da die KI nicht für eine Generierung, sondern eine Aufbereitung der vorhandenen Daten verwendet wird: Siehe Sportereignisse, Tabellendarstellung, Wetterdaten.

Was Sie aus diesem *essential* mitnehmen können

- Es gibt nicht den einen Ranking-Faktor. Ein umfassender Blick und eine kontinuierliche Optimierung zählen. Keine sofortige Verbesserung erwarten.
- Qualität über Quantität: Inhalte erstellen, die Probleme lösen und einfach erreichbar sind. Veraltete Inhalte aktualisieren und nicht benötigte Inhalte entfernen.
- Beobachten und Bewerten: Welche Maßnahmen haben sich bewährt und können ausgebaut werden. Jede Website, jedes Unternehmen ist anders.

M. Hinderer, *Einstieg in die Suchmaschinenoptimierung*, essentials, https://doi.org/10.1007/978-3-658-44638-3

Zum Weiterlesen

Google Startleitfaden zur Suchmaschinenoptimierung https://developers.google.com/search/docs/fundamentals/seo-starter-guide?hl=de
Google site: Befehl https://support.google.com/websearch/answer/2466433?hl=de
Schema-Daten für Produkte https://schema.org/Product
Strukturierte Daten testen https://developers.google.com/search/docs/appearance/structured-data?hl=de
Yoast SEO (WordPress SEO Plugin) https://de.wordpress.org/plugins/wordpress-seo/
The SEO Framework (WordPress SEO Plugin) https://de.wordpress.org/plugins/autodescription/
Google Search Console https://search.google.com/search-console/about?hl=de
Open Source Analytics https://matomo.org/
PageSpeed Insights https://pagespeed.web.dev/
Erklärung Largest Contentful Paint https://www.w3.org/TR/largest-contentful-paint/
ChatGPT https://chat.openai.com

Printed in the United States
by Baker & Taylor Publisher Services